Découvrez des contenus exclusifs avec l'application Marque-Page !

Comment utiliser l'application Marque-Page ?

1. Télécharger l'application*

sur l'App Store ou Google Play

2. Ouvrir l'application

3. Scanner la/les page(s) où le logo apparaît

* Hélas, l'application Marque-Page ne fonctionne pas avec Windows Phone

Avec ce livre, découvrez 3 vidéos exclusives :

- Le déroulement du traitement global (p. 152).
- La méthode pour nettoyer une pièce avec le 1er symbole (p. 171).
- 4 exercices de qi gong pour compléter votre pratique du Reiki : le balancement, la balle d'énergie, les mouvements Ciel-Terre et le dragon (p. 247).

Sans l'application Marque-page, vous pouvez également accéder aux contenus directement via le lien suivant :
http://blog.editionsleduc.com/soinsenergetiques.html

Guy Brassecassé

LA MAGIE DU REIKI

BONUS
Téléchargez 3 vidéos exclusives !
Voir page ci-contre.

POCHE
LEDUC.S

Ce titre est le passage en poche du livre *Le Grand livre des soins énergétiques : le reiki*, paru en 2018.

Conseil éditorial : Stéphanie Honoré
Édition : Rémy Coton-Pélagie
Maquette : Émilie Guillemin
Illustrations : Fotolia
Avec la collaboration d'Alix Lefief-Delcourt

Design de couverture : Antartik
Illustration de couverture : Adobe Stock

10, place des Cinq-Martyrs-du-Lycée-Buffon,
75015 Paris – France

ISBN : 979-10-285-1495-2
ISSN : 2427-7150

Sommaire

Introduction

De nos jours, les médecines alternatives et les médecines énergétiques ont le vent en poupe. Le Reiki fait partie de cette grande famille. Si le terme commence à être un peu connu, peu de gens savent encore vraiment ce que sont le Reiki et le monde de l'énergie.

Le Reiki, c'est l'énergie de l'Univers, l'énergie qui constitue les éléments de l'Univers, les galaxies… C'est tout cela l'énergie Reiki : ce qui est visible et ce qui est invisible. Les peuples premiers, qui vivaient en symbiose avec la nature, ressentaient cette énergie et l'appréhendaient avec tous leurs sens. Ils communiquaient avec ces énergies. Mais nous nous sommes éloignés d'elles, et tout cela s'est perdu.

En découvrant et en pratiquant le Reiki, changer sa vie devient possible. Dès le premier degré de l'apprentissage, on peut ajouter un peu plus de spiritualité en soi. On modifie progressivement ses croyances, on transforme les biens négatifs en biens positifs, les colères en tendresse et bonté.

Le Reiki ne fait que nous potentialiser, nous rappeler que nous sommes des êtres d'énergie et que l'énergie, comme l'électricité (qui est l'une de ses deux formes, l'autre étant le magnétisme), se transmet, d'une personne à une autre.

Prologue

Ce que je vous propose de découvrir dans ce livre, c'est une forme simplifiée du Reiki. Nous la devons à Mme Takata. Arrivée aux États-Unis après la Seconde Guerre mondiale, cette femme d'origine japonaise a gardé l'essentiel du Reiki pour ne pas choquer et pour que cette pratique soit facilement acceptée. Elle a enlevé tout ce qui était en relation avec le bouddhisme, les mantras, les rituels, les textes. Ce Reiki a minima, avec les initiations et les symboles, est parfait. Cette forme simplifiée à l'extrême du système Reiki est une chance pour l'Occident, pour nous tous. Nous pouvons adopter facilement le Reiki sans avoir à pratiquer le bouddhisme, ni aucune religion. Ce système Reiki est simple, facile à apprendre, à pratiquer, à intégrer dans la vie au quotidien, sans croyance nouvelle, ni adhésion dans un groupement, une association. Il suffit de croire à la force de la Vie, de croire EN SOI ! Le plus important, ce sont les initiations. Il n'y a rien à faire, c'est le maître qui « travaille ». Vous recevez l'énergie Reiki par les initiations dans la joie et la gratitude : l'énergie Reiki vous transforme

instantanément si vous l'accueillez. Ensuite, dans la lancée, il ne vous reste plus qu'à pratiquer passionnément. Et plus vous pratiquez, plus cela fonctionne, plus vous êtes efficace. C'est en forgeant que l'on devient forgeron.
Chaque maître peut à loisir étoffer ce système avec ses connaissances. Et c'est ce qui se passe. Le Reiki a revêtu des formes différentes pour que chacun de nous trouve chaussure à son pied. Les apparences sont différentes, l'essence reste la même ! Faites votre choix. Usez et abusez de Reiki. Tout ce que vous risquez, c'est de devenir meilleur, de vous libérer de la peur et de gagner en confiance, d'abandonner la colère pour faire preuve de plus de tendresse, de bonté. Vous risquerez d'être plus heureux ! Mais cela se fait à une condition : oser, accepter et désirer changer, évoluer, être différent, ne pas craindre d'aller vers soi-même, à l'intérieur de soi. Car tout est à l'intérieur de nous. Évidemment, c'est plus facile de dire : je suis comme je suis, je suis moi et je n'ai pas à changer, vous devez m'accepter tel que je suis. Je suis en colère parce qu'il y a trop d'injustice !
Oui, nous devons accepter autrui tel qu'il est. Nous n'avons pas à demander aux autres de changer. C'est à nous-même de prendre cette décision, la décision d'être meilleur pour soi et pour les autres, un peu plus chaque jour. Il n'y a pas de meilleure façon qu'une autre d'avancer sur le chemin de la transformation, c'est-à-dire de nous remettre en question

constamment. Tous les chemins mènent à Rome. Les routes sont plus ou moins longues ou tortueuses. Il y a beaucoup de sentiers buissonniers. On peut s'égarer, se perdre et retrouver son chemin. Tout le monde avance, même à petits pas ! Il y a les lièvres, il y a des tortues. Tellement de choses sont à découvrir et à admirer tout au long du chemin. Il n'y a pas de temps perdu. Choisissez le vôtre ! Choisissez la joie, la simplicité. Alors, vous parcourrez votre chemin l'esprit serein malgré les difficultés.
Si vous préférez les cadres rigides, les régimes stricts, austères, autoritaires, ça existe, mais pas dans le Reiki tel que je le pratique ! Il vous faudra chercher ailleurs…
Faites quand même attention avec qui vous jouez ! Ayez du discernement mais sans juger. La cause de nos souffrances vient de notre ignorance… Nous croyons tout savoir. C'est le piège, le piège de l'ego. Notre ego* n'aime pas le changement, la nouveauté, l'adaptation qui nécessite un moment d'insécurité, de faiblesse que provoque la « mue » psychologique. Cela demande aussi un effort que de changer les vieilles croyances, les vieilles habitudes.
La connaissance, la sagesse s'apprennent rarement en autodidacte. Cela prendrait trop de temps. Se faire aider ou accompagner est très utile, raisonnable, nécessaire. Souvent notre ego nous joue des tours et trouve toutes sortes de raisons pour nous empêcher de progresser, en particulier en brandissant l'étendard de la peur du « gourou », du lavage

de cerveau, de la dépendance. L'ego vous connaît bien. Lui, c'est vous ! Vous ne pouvez pas être plus malin que lui.*

* Tous les mots suivis d'un astérisque (*) font l'objet d'une définition dans le glossaire en fin d'ouvrage, p. 261.

Partie 1

À LA DÉCOUVERTE DU REIKI

Le Reiki signifie « l'énergie de l'Univers ». Lorsque nous appelons l'énergie de l'Univers, elle entre dans notre corps et favorise la remise en route des potentiels naturels intrinsèques à la personne. Ainsi, tout individu peut développer ses potentiels naturels propres pour accéder à un bien-être naturel et durable. Cette technique de guérison trouve son origine dans de très anciens textes sanscrits mais a été redécouverte par Maître Mikao Usui (voir « aux origines de la technique Reiki », p. 15).

Comme plusieurs pratiques énergétiques venues d'Asie, le Reiki permet de savoir gérer ses énergies. La syllabe *ki* se réfère à l'énergie dans chacun d'entre nous, comme le *qi* de la médecine chinoise*, alors que la syllabe *rei* renvoie à sa nature universelle.

La médecine chinoise comme le Reiki ne s'intéresse qu'à l'énergie, une énergie de vie, car elle étudie comment l'énergie vitale de l'homme en fonction de sa force et de ses qualités réagit face aux agressions des énergies des émotions négatives, des énergies climatiques, des séquences de surmenage… pour garder l'harmonie intérieure. La médecine chinoise étudie les manifestations du corps au niveau énergétique quand l'énergie vitale est débordée par ces mêmes énergies agressives. La médecine chinoise* à laquelle appartient l'acupuncture* est une technique très intellectuelle, analytique et déductive. On réalise un diagnostic énergétique, puis s'ensuit un traitement avec des points particuliers à stimuler. La technique Reiki fait une confiance totale à l'énergie Reiki. De ce fait, le praticien doit complètement s'effacer et laisser l'énergie Reiki agir dans toutes ses potentialités.

1 Comment définir l'énergie Reiki

L'énergie universelle, la force vitale

Le Reiki, c'est l'énergie de l'Univers, celle qui constitue chaque élément de l'Univers, les galaxies (plus de 100 milliards !) qui contiennent chacune plus de 100 milliards d'étoiles et un certain nombre de planètes… Par exemple, notre Galaxie, la Voie lactée, possède entre 200 et 400 milliards d'étoiles et un trou noir en son centre. Son diamètre est le plus souvent estimé entre 100 000 et 120 000 années-lumière. Savez-vous ce que c'est qu'un trou noir ? Pas grand-chose en réalité… Il paraît que 90 à 99 % de l'énergie de l'Univers sont invisibles ! La fameuse énergie noire, l'arlésienne du moment des astrophysiciens. **C'est tout cela l'énergie Reiki : ce qui est visible et ce qui est invisible.**

L'énergie dans la nature

L'énergie Reiki est l'énergie véritable : *rei* signifie vrai en japonais, et *ki* énergie. L'énergie Reiki ou énergie tout court est la dimension invisible qui, comme une trame imperceptible, sous-tend le monde visible. L'énergie est la force qui circule et, en même temps, qui nourrit, transforme, constitue et relie toute chose. Quand une fleur manque d'eau, elle se fane. L'eau est de l'énergie, une forme de l'énergie, comme l'essence, l'huile, le pétrole… Ce sont les produits qui permettent de mieux appréhender l'énergie, car ils peuvent produire une force, de la chaleur que nous pouvons sentir et que nous utilisons au quotidien. En fait, tout ce qui est constitué d'atomes est énergie, car l'atome est lui-même énergie. La matière est énergie.

L'énergie est une force qui fait changer de place un corps. L'énergie déplace un objet. Ou l'objet libère une force qui détruit tout !

Le Soleil, les planètes, la Terre, la Lune, la mer, les montagnes, les plaques qui les soulèvent, les tsunamis, les ouragans, les tempêtes, les tremblements de terre, les éruptions volcaniques : nous reconnaissons leurs forces parce que nous subissons leurs violents effets… dévastateurs ! **Nous ne les comprenons que si nous en vivons l'expérience**. Que dire, que penser quand une étoile implose ? Quand deux galaxies se rencontrent ? Cherchez sur Internet une photo de constellation, ou de collisions de deux galaxies. C'est beau. C'est magnifique. Ou bien trouvez une photo d'une étoile qui explose, une supernova. C'est un magnifique bouquet de feux d'artifice… à voir de loin. En août 2017, les scientifiques ont capté des signaux provenant de l'explosion provenant de la collision entre deux étoiles à neutrons* au sein de la constellation de la Lyre. L'explosion fut extraordinairement puissante.

Coupés de la Nature, coupés de l'énergie

Les peuples premiers qui vivaient en symbiose avec la nature la ressentaient et appréhendaient cette énergie avec tous leurs sens ! Ils communiquaient avec elles constamment. C'était facile pour eux : ils vivaient presque nus, n'avaient pas la télé, pas de divertissements électroniques ou numériques, ni tous ces monstres de fer. Ils recherchaient la promiscuité avec cette Terre mère, en se recueillant en position fœtale dans des toutes petites grottes, des grottes matrices. **Ces premiers hommes savaient écouter et ressentir l'énergie qui les entourait. C'était vital pour eux.** À l'instar des animaux, ils étaient capables de pressentir les événements catastrophiques bien avant qu'ils ne se produisent. Ils comprenaient intuitivement la Nature, ils étaient conscients de ses forces, même si, bien sûr, ils ne comprenaient pas tous les messages qu'elle leur envoyait… En vivant dans les villes, nous nous sommes coupés de la Nature. Nous nous sommes éloignés d'elle, à l'abri entre nos murs de béton. Nous avons cru nous protéger des forces des éléments, mais cette ville de béton et de pierre est devenue notre prison dorée.

→

Tout doucement, lentement, sûrement... Nous nous habituons à vivre dans l'isolement, la séparation, à faire et à penser sans émotions, sans ressentis... **Nous vivons de plus en plus dans le virtuel.** Loin de la terre, de la Terre mère ! Nous n'osons même plus marcher pieds nus (peut-être avec raison à cause de tous les pesticides). Quant à la technologie, nous ne savons plus si elle est à notre service ou si c'est nous qui sommes au sien.

L'énergie de Vie, nous l'appelons comme nous le voulons : Reiki ou autrement (elle se fiche de notre avis !). **Elle est partout, en tout.** Elle détermine la vie et la mort. Il y a la vie quand elle est présente, la mort quand elle est absente. La vie apparaît quand elle arrive, la mort survient quand elle s'en va ! Rien de plus. En fait, rien ne disparaît vraiment, tout devient seulement invisible. La matière visible retourne au chaos atomique, cela s'appelle l'entropie, l'autodestruction. « Rien ne se perd, tout se transforme ». Tout retourne à l'énergie noire, comme si tout disparaissait derrière un voile noir. Comme un poisson qui disparaît dans l'étang et qui réapparaîtra plus tard sans que l'on sache vraiment où et quand ! Une première dualité : je suis ou je ne suis plus. Tu me vois, tu ne me vois plus !
L'énergie Reiki fait grandir, pousser, se développer, changer toutes les choses (pierres, montagnes, planètes, galaxies...), les plantes, les animaux, les êtres humains. Les êtres humains ne peuvent rien contre elle, même s'ils essaient de dompter la Mère Nature

(barrages hydrauliques, centrales nucléaires, surexploitation du pétrole, armes de destruction massive...). Ils naissent, grandissent, vieillissent et puis ils s'en vont. Ils sont portés par Elle. C'est le printemps, l'été, l'automne, l'hiver. Et tout recommence, un peu différemment.

L'énergie dans l'Homme...

Vous êtes en bonne santé ? Vous ne l'êtes pas ? C'est à cause d'elle, à cause de cette énergie Reiki ! En fait, si vous êtes malade, il faudrait plutôt dire « à cause de vous », parce que si vous êtes souffrant, c'est que vous avez entravé cette énergie dans son évolution. Vous tombez malade quand vous préférez l'énergie de la Mort à l'énergie de la Vie, inconsciemment, bien sûr.

L'énergie (de la Vie) va toujours de l'avant ! Pas vous, enfin pour la plupart, car vous freinez, vous résistez ! Vous freinez et accélérez en même temps, mais toujours avec la volonté de résister finalement. Vous faites du surplace en accélérant, et ça surchauffe. Vous avez peur du changement, du qu'en-dira-t-on, de vous-même... Vous voulez réussir mais vous n'osez pas. Vous voulez donner votre avis, partager vos aspirations, vous ne le pouvez pas. Vous êtes aphone, rien ne sort ! Vous êtes mal. Vous ne respirez pas, vous vivotez. Vous n'avez pas assez d'énergie. Vous en manquez par votre faute. Vous la bloquez, vous l'épuisez. Vous la gaspillez ! Vous préférez dire : « circulez, il n'y a rien à voir », ou bien vous aimez ruminer dans votre coin, en vous faisant des calculs dans la vésicule…

L'énergie Reiki, l'énergie de l'Univers, elle est là partout, à votre disposition, inépuisable ! Il y en a pour tout le monde ! Il n'y a qu'à se servir. Mais cela, vous l'ignorez. C'est l'énergie qui fait de nous ce que nous sommes. En quantité et en qualité. L'énergie est partout, autour de nous et en nous, nous sommes énergie.

Nous avons un corps physique que nous voyons, que nous pouvons toucher. Nos mains ne passent pas à travers lui. Ce corps a une forme centrale, que nous appelons « tronc », surmonté d'une sphère ronde, que nous appelons « tête ». Cette forme centrale a quatre prolongements, que nous appelons « membres ». Ce corps apparemment vu comme une forme unique, unifiée, est en réalité composé de milliards de petites cellules invisibles !

Ces mêmes cellules déjà invisibles sont des constructions Lego® de molécules. Ces molécules sont des assemblages d'atomes. L'atome a un champ électromagnétique. Donc, les molécules, la cellule, les organes, le corps ont un champ électromagnétique. Chaque champ est un ensemble de champs beaucoup plus petits. Nous avons un corps d'atomes ! Ces champs électromagnétiques sont mesurables avec les appareils ultraperformants actuels. Et on peut « voir » concrètement toute l'activité de ces atomes : on peut mesurer les effets physiologiques, les dépenses caloriques, l'activité électrique et

magnétique cérébrale et cardiaque, la consommation d'oxygène, les contrastes de température interne, les différentes réactions chimiques… Au niveau de la peau, cela se traduit par la rougeur ou la pâleur.
Le corps d'énergie, lui, est invisible à nos yeux physiques, il ne peut être touché. Pourtant, il a une fréquence vibratoire, mais de très faible intensité. C'est pourquoi on ne le voit pas, on ne le sent que par le toucher. Certaines personnes, les « clairvoyants », voient le monde invisible. Les « clair-ressentis », eux, peuvent toucher le corps invisible.
Le corps d'énergie est parcouru par des fibres optiques invisibles de taille inférieure au nanomètre (des milliers de fois plus petites que le millimètre), où circule l'énergie vitale pour nourrir tout le corps en énergie. Ces méridiens* ont eux-mêmes des fréquences et des intensités différentes et ont des tailles variées et variables. D'après les yogis*, il y en a 72 000. Quand ces méridiens se croisent, ils forment un chakra*, un « plexus » énergétique (pour les Chinois, ce sont les points d'acupuncture*).
Il y a donc une énergie vitale qui fonctionne toute seule en nous. Elle travaille jour et nuit, surtout la nuit ! Pendant le sommeil, le corps se reconstruit, se répare. Nos cellules sont fabriquées et détruites à notre insu (nous comptons 2 billions de cellules, plus que les étoiles dans mille galaxies). La nuit, le corps ne chôme pas, au contraire, il travaille à plein rendement. De jour comme de nuit, plusieurs milliards de réactions chimiques se déroulent à la seconde.

Quand les émotions excessives perturbent l'énergie

Aux origines de la maladie

Les savants, les philosophes, les médecins considèrent « l'émotion » comme quelque chose d'intrinsèque à l'homme, un signal envoyé par notre cerveau pour nous adapter à notre environnement (joie, colère, peur…). Donc, les émotions ne sont pas l'ennemi de la raison et peuvent être considérées comme des outils pouvant concourir à atteindre une vie harmonieuse. Mais qu'en est-il lorsque celles-ci nous envahissent ? Quels impacts ont-elles sur notre corps, sur nos vies ?

Les hommes ont essayé de contrôler le fonctionnement de certains organes par la volonté. C'est possible, pour certaines catégories de personnes uniquement : les yogis, les pratiquants de qi gong, les guérisseurs… Avez-vous déjà essayé ? En fait, il est facile de modifier, de détraquer les fonctions du corps : il suffit de penser obsessionnellement à une difficulté, à ses soucis avec beaucoup de stress. Et ça se dérègle tout seul ! Les émotions en excès perturbent le bon fonctionnement de l'énergie, elles modifient son rythme et sa qualité. Celle-ci peut ralentir, accélérer ou se bloquer. Voilà comment apparaissent les maladies.

Il est plus facile de dérégler les fonctions du corps que de rétablir leurs bons fonctionnements.

Nous sommes des êtres pensants. Tout est créé à partir d'une idée. Essayez de faire quelque chose sans y avoir pensé avant. Rien ne se fait sans avoir pour origine un petit désir*, un tout petit, inconsciemment. Le problème survient quand nous ne pouvons pas réaliser nos désirs, nos envies, nos projets, pour différentes de raisons. Prenez cinq minutes pour réfléchir à cela. Souvenez-vous de la dernière envie que vous n'avez pas satisfaite. Trouvez les raisons. Et souvenez-vous de votre réaction. Qu'est-ce qui s'est passé dans votre corps ? Quelle a été votre réaction émotionnelle ?

La réaction la plus fréquente quand on est malade est de se dire : « Est-ce ma faute si je suis malade ? » Ah ! la fameuse faute ! Non, il n'y a pas de faute, de fautif, de punition, de condamnation, de dévalorisation, de culpabilité. Il y a seulement des comportements inadaptés, des erreurs de choix, des pensées négatives, des réactions impulsives ou des renfermements, des séparations.

Dans la vie, nous avons besoin de beaucoup de courage pour **accepter la responsabilité de nos actes sans repli sur soi, sans rejeter la responsabilité sur les autres, voire sans rejeter autrui.** C'est ce qui est le plus difficile : accepter les conséquences et les assumer dans la paix du cœur et de l'esprit. Le plus difficile, c'est de reconnaître que nous nous sommes trompés, que nous avons eu tort, que nous avons blessé, trahi (soi-même ou autrui, la personne que l'on croyait aimer !) par nos mots, nos actions, nos faiblesses, nos peurs, nos colères, nos désirs de conflit, de lutte, de vengeance. Autant de raisons qu'il faut aller chercher au fond de soi… Car tout est là, enfoui, caché. Oui, il faut beaucoup de courage, de force, de sincérité pour accepter de voir et de comprendre sans agir, crier, juger, punir ou se punir.

Témoignages

S'en vouloir... à mort !

Dans un petit village au fin fond d'une vallée mexicaine vivait un homme plein de bonne volonté, de courage, d'honnêteté. Il travaillait dur sa terre pour produire un peu de maïs. Un jour, au moment de labourer sa parcelle, il s'aperçut que son voisin n'avait pas encore labouré son terrain. Comme il n'y avait pas de délimitation précise et comme il avait un si petit lot de terre, il profita pour labourer un peu du terrain de son voisin. Il pensa que son voisin ne s'en apercevrait pas. Il sema ses graines. Au bout de quelques jours, il ne se sentait pas bien. Il était gêné, contrarié. En fait, il s'en voulait d'avoir pris un peu de terre à son voisin. Les jours passèrent et il était de plus en plus mal. Il ne pouvait s'empêcher de s'en vouloir d'avoir fait une chose pareille, lui qui était si honnête. Ses parents lui avaient toujours répété pendant son enfance : « Mon garçon ! Si tu voles la moindre petite chose, le bon Dieu te punira de mort. » Peu de temps après, l'homme rendit l'âme avant d'avoir vu mûrir son maïs.

D'après le récit d'un voyageur anonyme

Colère rentrée

En 1982, Jean-Paul m'a fait cette confidence. Il était allé rendre une petite visite à son ami Philippe. Il savait que son ami était en souffrance : il pressentait qu'il risquait d'être licencié. Une rumeur courait que son usine allait fermer. En partant de chez Philippe, Jean-Paul était très triste. Il avait remarqué que son ami s'était remis à boire, qu'il avait le teint terne et le blanc des yeux jaune. L'annonce de la mise au chômage est tombée. Philippe était très en colère, mais il n'arrivait pas à l'exprimer. Cela n'était pas un bon présage. Jean-Paul redoutait un malheur. Philippe est décédé quelques mois plus tard.

D'après une histoire vécue

Ce que dit la médecine traditionnelle chinoise* au sujet des émotions négatives

L'excès de pensées blesse la rate, entraîne la procrastination, les pensées obsessionnelles et le renfermement sur soi. La fatigue apparaît.

L'excès de frustration blesse le foie, entraîne la colère ou le blocage émotionnel.

L'excès de peur blesse les reins, fait apparaître le manque de confiance, le manque de volonté, le manque de désir.

L'excès de tristesse blesse les poumons, éveille le découragement et le sentiment d'injustice.

L'excès de joie blesse le cœur, rend fébrile et impatient.

Les émotions excessives perturbent les fonctions de l'énergie dans sa circulation dans tout le corps. Des signes physiques apparaissent en concomitance avec le dérèglement de la circulation énergétique. Les douleurs nous signalent que l'énergic est perturbée. La maladie, c'est le « mal à dire ». Elle signale qu'il y a quelque chose qui ne va pas, que ça ne tourne plus rond là-haut, dans le cerveau, un peu plus bas dans le cœur, ou quelque part dans cette foutue machine ! Les expressions sont nombreuses pour exprimer ce blocage ou ce trop-plein : J'en ai plein le dos, ras la casquette, j'ai les « boules », plein les pattes, je suis plombé, j'ai été poignardé, j'ai avalé une couleuvre, je ne digère pas cela, ceci m'est resté sur l'estomac, tout me pèse, c'est trop pour moi, ça m'a coupé les jambes, ça pèse trop sur mes épaules, j'en ai plein les bottes…

Dans le monde de l'énergie, il n'y a pas de maladie, pas de souffrance. Il n'a pas de bien ou de mal. Ce ne sont que des états de l'énergie. Il y en a assez, insuffisamment, ou en excès, et il en résulte des conséquences. Le monde de l'énergie est neutre. Ça circule ou ça ne circule pas. Cela fonctionne ou ne fonctionne pas. La douleur vous signale que quelque chose ne va pas dans votre tête ou dans votre cœur, ou bien que ces deux-là ne s'entendent pas. La maladie/le mal à dire sont liés au monde mental, à la souffrance mentale et à la souffrance émotionnelle.

Le pouvoir du sourire*

Pour commencer, respirez bien fort trois fois : cela va faire circuler le *qi* (énergie). Dansez, chantez, sortez courir ou marcher, mettez de la musique et augmentez le volume ! Voilà de bons antidotes ! Souriez. Oui, souriez. **N'attendez pas d'être heureux pour sourire, souriez pour être heureux ! Rien de mieux qu'un bon sourire pour se faire du bien.** Ça fonctionne et c'est gratuit. Ce n'est pas beau la vie ? C'est plein de cadeaux. Essayez le sourire, ou riez à gorge déployée, un bon rire plein d'éclats pendant cinq minutes ! Vous ne le regretterez pas.

S'attaquer au dérèglement intérieur

L'énergie a une puissance* et les méridiens* une résistance, comme une ampoule électrique. Si l'intensité électrique est adaptée à l'ampoule, cette dernière éclaire. Si l'intensité est trop forte, l'ampoule grille. Si l'intensité n'est pas assez forte, il ne se passe rien. C'est mathématique ! Car oui, les méridiens peuvent aussi griller, ou bien chauffer fort. En médecine, cela s'appelle une inflammation, une maladie en *« ite »*, comme une artérite par exemple ou une phlébite, ou une hépatite. Quand vous touchez, c'est chaud et c'est bien rouge.

Quand il y a un vide d'énergie, il y a aussi une lassitude, une fatigue, un épuisement. On a envie de ne rien faire. On n'a pas envie de parler. On veut juste s'allonger et ne plus quitter le lit. Notre conscience traduit les perceptions du corps énergétique par des sensations, puis des douleurs.

Les émotions négatives aggravent le processus, surtout quand elles persistent ou se répètent sans fin : colère, révolte, frustration, sentiment d'injustice… Tout se dérègle lentement, mais sûrement si vous n'êtes pas vigilant. Arrêtez tout ! Et si vous changiez de film ? Car le corps physique est comme une maison, il faut faire les réparations nécessaires et au bon moment. Pas de paresse qui tienne ! Action ou pas d'action, il y a toujours des conséquences. Plus on laisse traîner, plus le désordre s'accumule. Ça empire. Il faut surtout éviter de reporter. Si l'on voit ou si l'on perçoit l'énergie (pour certains la douleur est nécessaire, c'est le signal), n'hésitons pas. Dès qu'une accumulation s'amorce, on déblaie tout de suite. Il n'y a pas une minute à perdre !

Ne négligez jamais votre santé mentale !

Nous vivons dans un monde submergé par l'information, tissé de situations stressantes, en proie à des bouleversements permanents qui nécessitent sans cesse des décisions à prendre. Nous sommes en permanence surmenés, sollicités, fatigués, soumis, contrôlés, surveillés… On passe notre temps à travailler et à s'abrutir devant la télé ou les jeux vidéo. Ça repose peut-être l'esprit, ça détend assurément. Pendant ce temps, on ne réfléchit pas, on ne lit plus, on ne communique plus, on n'écoute plus l'autre. Dommage. D'autres personnes pensent pour nous, elles veulent notre bien à notre place.

On recherche du plaisir à consommer tout de suite, encore du plaisir ! On fume, on boit, on danse. Oui, ce n'est pas gratuit, il faut payer, payer pour tout. Donc il faut travailler, encore et encore.
Est-ce que nous prenons le temps de rêver ? De vivre, de goûter, de paresser, de regarder dans le vide ? C'est bon de rêvasser ! Savez-vous que lorsque vous rêvassez, l'inspiration vous guette ? C'est de cette façon que des idées nouvelles, inédites, émergent ? Il paraît que Niels Bohr, le plus grand génie de la physique quantique, Albert Einstein et bien d'autres grosses têtes ont trouvé plein d'idées fabuleuses en état de somnolence rêveuse ! Même si ce n'est pas obligatoire pour trouver une formule mathématique telle que $E = MC^2$ (il suffit parfois de dormir au bon moment sous un pommier ou de glisser sur un savon pour trouver une belle formule !).
Essayez d'arrêter de penser. Pas facile, me direz-vous. Il y a des téméraires qui ont essayé. Pourtant, avec un peu entraînement, de patience, on peut y arriver, pendant quelques minutes seulement et c'est très suffisant. Le silence mental peut s'acquérir facilement, se développer. Le mental est comme un muscle. Il faut répéter l'exercice et augmenter la difficulté. C'est à la portée de tous. Il faut essayer ! Arrêtez de regarder la télé, et poussez la porte de l'apprentissage. Courage !
La paix mentale est bonne et nécessaire pour la santé. C'est une pause silencieuse, un havre de repos. Pratiquer la méditation, le tai chi*, le qi gong, le yoga, la relaxation est une bonne prévention de la maladie, et plus que cela. C'est le début du chemin de l'éveil !

Résumons... En fait, c'est très simple !

- Quand vous pensez négatif, vous produisez des produits chimiques qui vous font mal émotionnellement et physiquement pour vous faire ressentir à quel point vous êtes mal dans votre tête. Et vous pouvez aller très loin dans l'autodestruction : sclérose en plaques, maladies auto-immunes, algoneurodystrophies*... J'exagère ? Pas sûr !
- Vous montrez en même temps aux compagnes et compagnons de votre groupe, à la personne avec qui vous êtes en conflit que vous êtes mal, et que ce mal vous fait mal ! Cela sous-entend : « vous voyez, ce que vous me faites ou me dites me fait souffrir ! ». Comme on ne sait pas le dire, le corps le dit à notre place. On sait très bien, au moins à cette étape, que nos maux viennent toujours des autres !
- Pour vous sortir de cette situation dramatique et dangereuse, idéalement, la cause mentale doit disparaître. Vous coupez le signal et tous les symptômes douloureux disparaissent. Vous n'allez pas mieux pour autant dans votre tête, dans votre cœur. Le *« Ça ira mieux demain »* n'est pas toujours valable. Quand le terrain est miné, il faut le déminer.
- Si la situation perdure, vous continuerez à secréter des produits chimiques qui créent la souffrance émotionnelle et détruisent le corps. Vous avez de plus en plus mal. Car les effets nocifs

s'accumulent. Vous vous fatiguez mentalement et vous finissez par être dépressif. Le corps physique finit par être gravement blessé. Il se sclérose. Ou il s'enflamme et se consume. Parfois, les cellules en ont assez de subir la violence imposée par votre inconscience, et elles se révoltent avec autant de violence que la répression que vous leur avez imposée.

- Donc un jour, car oui tout arrive, vous vous dites : ça va bien comme ça, j'en ai assez d'être déprimé, de souffrir, d'en avoir « marre » ! Il faut faire quelque chose, il faut réagir ! Qu'est-ce que je peux faire par moi-même pour me sortir de là ? Ce n'est pas facile, car je suis extrêmement fatigué et tout me pèse. Je suis au fond du trou, et il faut que je m'en sorte. Par moi-même !

Heureusement qu'il n'est pas nécessaire d'en arriver à cette extrémité pour réagir ! Si vous avez encore assez de volonté, de conscience, un peu de force, que vous acceptez d'être aidé, vous pouvez décider en toute responsabilité de trouver des soutiens par la prière ou auprès de spécialistes, des êtres spirituels, des thérapeutes ou encore de vous former à une technique pour vous soigner vous-même. Vous décidez maintenant d'agir en toute conscience !
Il vaut mieux apprendre à pêcher que de quémander un poisson ! C'est là le début du chemin, d'une nouvelle vie ! Ouf, sauvé ? Oui, mais le chemin est encore long. Le plus difficile est fait : emprunter le

long chemin commence par un petit pas. Le premier, même un tout petit pas. Le big-bang intérieur est proche !

On n'a rien sans effort !

Savez-vous pourquoi le *Yi Jing* (*le Livre des mutations*, considéré comme le plus ancien texte chinois) commence par l'hexagramme Tai yang, le grand yang ? Voilà une petite devinette pour les personnes qui aiment chercher la petite bête !

Le *Yi Jing* est un livre initiatique : il représente les 64 pas à réaliser par l'initié pour devenir un adepte accompli, un empereur du ciel.

Il commence par un hexagramme formé de 6 traits continus représentant le maximum de yang, le maximum d'énergie dynamique. Cela signifie que toute vie commence par une grande impulsion. C'est le démarrage, la mise à feu de la fusée pour la faire décoller, le décollage, le coup de manivelle pour faire démarrer la voiture qui consomme le plus d'énergie. C'est le cas aussi de la vie, via l'accouchement qui nécessite une expulsion.

Tout ce que nous entreprenons exige une force considérable au départ, mais nous n'en avons pas conscience. C'est pour cela que les personnes qui n'ont pas de force mentale peinent pour réaliser leurs rêves, pour commencer leurs projets. Elles se disent « un jour, je l'espère » et diffèrent constamment…

Et un jour, au réveil, tout vous semble clair et évident : vous allez trouver une nouvelle façon de vivre. Un nouvel espoir naît en vous, une nouvelle aspiration, au fond de vous. Vous ne savez ni pourquoi ni comment. C'est là ! C'est reparti pour un tour. La vie n'est-elle pas cyclique ? La roue de la fortune doit tourner.

Pourquoi le mot corps prend un S...

Parce qu'il y a quatre corps !

Dans la tradition ésotérique de l'Inde, on distingue :

- Le corps mental*, lieu des pensées.
- Le corps astral*, lieu des émotions.
- Le corps physique, celui que vous voyez.
- Le corps éthérique, qui est le corps d'énergie permettant au corps mental et au corps astral de communiquer avec le corps physique.

Nous avons un corps mental qui pense et un corps astral qui a des émotions. Nous avons besoin d'être sécurisé, d'être objet d'attention, d'être apaisé. Nous avons besoin de relâcher les tensions et les réflexes de protection. C'est seulement à ce moment-là que nous arrêtons de produire de la chimie qui nous détruit. Après, nous nous sentons mieux, plus heureux, plus léger comme l'espace autour de nous. Notre vue s'élargit, notre environnement semble plus clair, plus limpide. Nous sommes submergés d'une joie profonde sans cause apparente. Une autre conscience subtile émerge.

C'est peut-être un indice pour trouver la paix et l'amour en soi, puis hors de soi.

2 La technique Reiki, un puissant outil d'harmonisation des énergies

Une méthode pour se reconnecter à l'énergie universelle

L'Univers est un champ d'énergie vibratoire électromagnétique. Il est « infini ». Il est comme un livre ouvert, un disque dur à la portée de tous avec une mémoire illimitée où tout est inscrit depuis le début, depuis le Big Bang. Il suffit de savoir se connecter à ce disque dur et de lire les fichiers qui y sont codés. L'histoire de l'Univers, donc de l'humanité et de chacun de nous, y est gravée. Se connecter à ce disque dur est facile puisque notre esprit est lui aussi un champ vibratoire de même nature que le disque dur…

Vous n'y croyez pas ? Voilà pourquoi vous ne pouvez pas lire ce fameux disque dur. En fait, vous ne pouvez pas le faire, car vous ne le savez pas. **Vous n'avez pas la connaissance nécessaire.** Et, même si vous le savez, vous ne vous l'autorisez pas. Pensez-vous que vous ne le méritez pas ? Que vous êtes trop « petit » ? Trop humble ? Trop intelligent ? Trop instruit ? Trop libre ? Que c'est trop beau pour être vrai ? Vous pensez. Vous pensez seulement. Vous pensez beaucoup. « **Savoir, mais ne pas faire, n'est pas savoir.** »

Il existe moult moyens pour se connecter à la radio Univers. Oui, il y a pléthore de moyens, autant de techniques que d'individus ! Vous persistez à dire que vous ne connaissez pas de techniques ? **Je vous propose le Reiki.** Pour recevoir et pratiquer le Reiki, il n'y a pas de prérequis. Au contraire : moins vous en savez au sujet du Reiki, mieux ça vaut. Je ne vous dis pas qu'il faut être ignorant, non, simplement, n'ayez pas des idées reçues sur tout !

Venez au Reiki sans idées préconçues. Si vous avez beaucoup lu au sujet des différentes techniques de soins, de guérison, sur l'énergie ou sur le Reiki, si vous avez déjà reçu du Reiki, si vous avez déjà des amis qui pratiquent le Reiki et qui vous en ont parlé, consignez ce que vous savez dans un coin de votre tête. Vous devez être neuf, vide pour pouvoir être rempli. Votre principal moteur doit être : « J'ai une envie folle de pratiquer le Reiki. Je ne sais pas pourquoi, je ne sais pas comment, mais j'en ai très envie ! » Et vous n'avez rien à connaître au sujet du Reiki, ni comment ni pourquoi. Sachez seulement que le Reiki est l'énergie de la Vie. Et qu'elle vous fera du bien.

Apprenez à sentir votre corps, à être dans la sensation. Apprenez à ressentir quand vous êtes bien. Quand vous êtes bien dans une situation, c'est que cette situation est bonne pour vous. Vous avez fait le bon choix. Ne laissez pas le mental effacer ce moment de légèreté avec des « si » et des « mais » ! Recevez l'énergie Reiki humblement avec joie, gratitude. Laissez le Reiki vous remplir. Accueillez. Et, ensuite, pratiquez ! Donnez l'énergie Reiki, partagez l'énergie Reiki. Semez ce que vous recevez. Plus vous donnerez le Reiki, plus le Reiki se révélera à vous et plus vous serez heureux !

L'initiation Reiki* vous remet au contact avec ce fabuleux champ vibratoire universel (voir p. 77). Elle vous réveille à qui vous êtes vraiment, à ce que vous avez toujours été et que vous avez oublié : un champ vibratoire, un être de lumière traduit par votre logiciel interne comme un être humain. Vous êtes lumière, vous êtes parfait, parfait dans le sens que ce que vous vivez est réellement conforme à ce que vous avez prévu, désiré, construit ! Vous êtes lumière, un diamant dans une gangue de matière sombre. Acceptez-le simplement ! Après, ce n'est

qu'une question d'habitude, d'entraînement. Plus on se connecte, plus c'est facile. La routine !
N'avez-vous pas remarqué dans votre vie que vos actions les mieux réussies et qui vous ont apporté le plus de bonheur sont les actes les plus spontanés ? La foi soulève des montagnes. Plus vous vous connecterez à la « source », plus vous recevrez d'informations, plus vous en saurez sur votre chemin, plus vous apprendrez sur vous-même. Plus vous serez sûr de vous, plus vous aurez confiance en vous, plus vous ferez de la vie un miracle ordinaire.
Qui veut essayer ? Le Reiki est important, mais pas tant que ça. **Le plus important, c'est vous !** C'est vous qui vivez ce que vous désirez, ce que vous décidez.

Les 5 principes de vie du Reiki

Suivre les cinq principes du Reiki, c'est accéder à une forme de sagesse qui remédie à de nombreux maux. Ces principes sont en quelque sorte une invitation au bonheur.

Les cinq principes du Reiki

- Aujourd'hui, juste aujourd'hui, **ne t'inquiète pas**.
- Aujourd'hui, juste aujourd'hui, **ne te mets pas en colère**.
- **Honore** tes parents, tes maîtres et tes aïeux.
- Gagne ta vie **honnêtement.**
- Sois **reconnaissant** envers tout ce qui vit.

- Ces règles de vie nous mettent en garde contre des émotions et des comportements tels que l'inquiétude, la colère, l'irrespect… Elles nous protègent, sont garantes d'une bonne santé physique et mentale. Elles nous mettent à l'abri des actes négatifs qui nous pénalisent au final.
- **L'inquiétude** nous mine, nous épuise. À cause d'elle, l'énergie se perd dans des pensées obsessionnelles. On va droit vers la déprime.
- **La colère** est dévastatrice. La violence est déversée, et on regrette après coup ce comportement agressif et incontrôlé.
- **Le respect de soi et des autres** est essentiel dans la relation harmonieuse avec autrui pour que naisse une confiance réciproque.
- **L'honnêteté** permet d'avoir l'esprit tranquille et de n'avoir rien à se reprocher : pas de culpabilité.
- **La gratitude** est un très fort sentiment. Elle augmente l'estime, l'humilité. Elle nous met à l'abri de l'ego* qui n'est jamais satisfait.

Nous pouvons aussi retenir ces grands principes, issus du bouddhisme :

- **La cause de nos souffrances est l'ignorance.** Tant que nous ne l'admettons pas (je sais que je ne sais rien), nous n'apprendrons rien. Nous croirons savoir. Nous serons trompés par nos illusions et nos désirs* fondés sur ces illusions.
- **Nous pouvons mettre fin à la souffrance**. À condition de suivre le chemin de la Connaissance qui

nous mène à l'éveil, c'est-à-dire sortir du monde de nos illusions et des conditionnements.

La Connaissance existe dans toutes les traditions. Le Bouddha nous a montré et enseigné la voie du milieu. Le chemin de l'éveil est un travail sur soi : comment transformer les biens négatifs en biens positifs, comment ne pas nuire, comment développer la compassion envers tous les êtres vivants !

Le Reiki est un moyen puissant pour nous aider !

Gratitude à la Vie, à la Divine Providence.

La vraie voie spirituelle

Si vous désirez vous engager sur le chemin spirituel – le spirituel est à comprendre en tant que profondeur de l'esprit humain –, je ne peux que vous donner un conseil : **arrêtez de *faire* une recherche spirituelle. *Ayez* une vie spirituelle** ! Vivez spirituellement. Ayez une éthique spirituelle basée sur les lois universelles. Si vous êtes heureux, vous êtes sur le chemin. Les difficultés rencontrées sur le chemin sont les forces qui nous font grandir. Acceptons-les dans la joie et demandons protection, car ce n'est pas si facile. Le second degré de l'initiation Reiki* (voir p. 156) vous aidera grandement à y parvenir. Parce que le second degré vous donne un symbole pour transformer votre mental, pour réinitialiser votre mental avec des croyances positives en vous-même. L'être le plus important, c'est vous. Nous n'avons qu'un seul droit, c'est de nous transformer. Et de nous aimer ! Jusqu'à présent, vous avez essayé de transformer votre entourage. Vous n'y êtes pas arrivé...

Comment l'énergie Reiki participe à la bonne santé

Être malade entrave le bon déroulement de la vie. Nous, les humains, utilisons la nourriture, l'air, les particules, que nous transformons en énergie vitale pour nourrir notre corps. De quoi avons-nous besoin ? D'énergie, d'énergie vitale, bien sûr ! Qu'est-ce que l'énergie vitale ? De la nourriture digérée mélangée à l'air, transformée en énergie.

À une personne fatiguée, nous lui donnons une nourriture facile à digérer (il faut rappeler que la digestion consomme beaucoup d'énergie, c'est pour cela que l'on a sommeil après les repas). Une nourriture cuite ou mâchée est facile à assimiler. Connaissez-vous la délicieuse soupe de riz à la fleur de viande ? C'est une recette traditionnelle populaire du Vietnam (ma mère était une fine cuisinière), une soupe de riz cuite longtemps, dans laquelle le riz est presque dissous. La viande cuite et séchée est écrasée finement.

Le Reiki est tout à fait adapté pour vous « nourrir ». L'énergie Reiki passe à travers le donneur avant de passer au receveur. En faisant cela, elle purifie et fortifie tout autant le donneur que le receveur. **L'énergie Reiki devient de l'énergie vitale assimilable sans digestion : idéale pour une personne malade.**

En pénétrant en nous, l'énergie Reiki élève les vibrations du corps, elle agit au niveau du corps d'énergie. La plupart des personnes ne sentent pas l'énergie

Reiki entrer en elles, ni l'action du Reiki pendant la séance. D'autres, sensibles, la ressentent. Ce sont surtout les femmes, plus sensibles que les hommes. Si elles le sentent, c'est aussi parce qu'elles ont pris l'habitude d'être attentives à ce qui se passe dans leur corps.

L'énergie Reiki a une action très subtile dans le corps d'énergie – similaire au feu –, seul notre inconscient le sent. Elle purifie les énergies du corps. C'est comme si vous mettiez un bol d'eau dans un four à micro-ondes. Les micro-ondes créent de la chaleur dans l'eau, ces ondes peuvent brûler. L'énergie Reiki a une fréquence beaucoup plus subtile, elle ne brûle pas le corps, le corps physique. L'énergie Reiki est composée elle-même d'une infinité de fréquences et de rayonnements*. L'énergie Reiki est composée d'ondes magnétiques et électriques.

Faits rares chez les humains, mais fréquents chez les magnétiseurs, certains d'entre eux peuvent avoir les mains (parfois même les bras jusqu'aux coudes) couvertes d'eczéma : c'est un signe d'un excès d'énergie bloquée à l'intérieur du corps. Ces personnes ont trop d'énergie dans leur corps. L'eczéma peut aussi être présent sur tout le corps. Ces personnes ne peuvent rien faire d'autre que de soigner pour se soulager de la douleur et de l'intensité de l'eczéma en se vidant de leur trop-plein d'énergie. Vous ne pouvez pas imaginer la force que possèdent certaines personnes. Il faut le voir pour le croire. Ce qui

explique peut-être pourquoi il est très difficile de soigner certains eczémas…
À ce niveau, on peut dire que **l'énergie Reiki est la même que celle des magnétiseurs**, si on ne veut pas chipoter ! Il y a quand même une petite différence. L'énergie du magnétiseur est une capacité individuelle innée et elle provient de la Terre. Mais certaines personnes reçoivent aussi l'énergie divine ou de l'Univers, comme l'énergie dévoilée par le Reiki, qui est à la portée de tout le monde, mais nécessite de recevoir les initiations.
L'énergie Reiki entre dans le corps. Elle a alors une action équivalente au feu. Sur le feu, l'eau froide finit par bouillir et par conséquent se purifier. Pour stériliser un objet, on le plonge dans l'eau en ébullition. On peut dire que l'énergie Reiki purifie le corps subtil* d'abord qui répercute dans le corps physique. Cette purification peut être totale. On peut obtenir de l'eau pure par la distillation, par le changement de conscience. L'énergie Reiki, au niveau du corps subtil d'énergie, peut avoir une action équivalente à la distillation.
L'énergie Reiki élève les vibrations du corps subtil à de très hautes fréquences entraînant une purification intense de l'énergie.
L'énergie Reiki reste dans le corps un certain temps. Puis, comme le naturel revient au galop, le corps subtil* « boosté » par le Reiki va reprendre progressivement ses bonnes habitudes, sa fréquence ordinaire, mais purifié, harmonisé. Et on se sent mieux,

plus léger. Pour ceux qui ont de la « chance* », leurs fréquences de base ont augmenté. Ces personnes ont changé !

À chaque séance de Reiki, les effets positifs s'accumulent. Les vibrations de base de la personne augmentent au fur et à mesure des séances. C'est comme si vous nettoyiez votre maison tous les jours après des mois de négligence. Votre maison finit par briller comme un sou neuf. Et vous aussi.

Vous serez progressivement différents mentalement. En vous purifiant, le Reiki peut vous aider à avoir une vision nouvelle de la vie. **Le Reiki vous permettra de transformer vos croyances négatives en des croyances positives, si vous le désirez très fort.** Vous aurez et vous créerez de nouvelles perspectives. Hourra, enfin du changement ! Au fil des séances, le corps subtil se purifie de plus en plus. Donc, il va progressivement augmenter sa fréquence vibratoire. Comme la fréquence vibratoire est en relation avec le corps mental et le corps émotionnel, vous allez, sans vous en apercevoir tout de suite, avoir une autre vision du monde, une meilleure gestion de vos émotions, des réactions différentes plus positives face aux situations problématiques rencontrées dans le passé. Vous vous sentirez mieux. Vous serez plus heureux. Même si la vie continue avec son lot de soucis liés à votre karma* passé.

Vous rappelez-vous de ce collègue qui vous tape sur les nerfs tous les matins ? Soudain, vous le trouvez plus sympathique… Et votre santé ? Comment

vous sentirez-vous après une dizaine de séances ? Ou mieux, comment vous sentirez-vous un an après avec une séance par mois ? Oui, une séance par mois, c'est possible et je vous le conseille vivement ! Vous pouvez recevoir le Reiki même si vous êtes un peu stressé, un peu fatigué, et même si vous êtes en forme. Vous trouverez un arrangement avec le praticien (voir p. 252).
Le Reiki vous « réharmonise ». Pour le praticien Reiki, vous êtes déséquilibré « énergétiquement ». Vous avez besoin de temps pour changer... Toute une vie. Il faut alors développer la patience infinie du Bouddha. Initié Reiki, vous pourrez avec les symboles changer vos croyances facilement, car la technique est simple, tout se passe en douceur. Pour certaines personnes, cela s'appelle : **changer son karma*** ! Si nous changeons de caractère, nous changeons notre vie. Il y a moins de conflits et plus de bonheur. Oui, nous le pouvons tous. Ce n'est que ça ! On se fait beaucoup d'idées sur le karma. **Chaque fois que vous faites quelque chose qui vous rend heureux et que vous partagez ce bonheur, vous changez votre karma !**
Le Reiki agit sur le corps physique, puis sur le corps mental dès le premier degré. Au second degré, il est donné un symbole, qu'on appelle le second symbole, qui est un symbole fantastique, car il agit sur le mental, sur notre intellect, sur nos croyances, sur nos émotions. Ce symbole élève notre fréquence au niveau mental, au niveau de la conscience. On

devient de plus en plus optimiste, plus dynamique, plus ouvert. On a la pêche, du punch… On a envie de faire plein de choses… On a le sourire !

Des preuves de l'action du Reiki ?

Les différentes actions du Reiki sur nous peuvent être mesurées, car la science moderne dispose d'appareils sophistiqués qui permettent de mesurer des énergies à très hautes fréquences ou à de très basses intensités. Il existe des appareils capables de photographier le corps d'énergie et ses variations en fonction des énergies qu'il reçoit. Ces vibrations peuvent aussi être perçues et chiffrées par le pendule. Il y a aussi de très nombreux livres sur les ondes de formes, les pendules, la géobiologie, la mémoire de l'eau… C'est l'occasion d'aller vérifier si je ne vous emberlificote pas avec mes belles histoires !

Comment se transmet l'énergie ?

Le Reiki ne fait que nous potentialiser, nous rappeler que nous sommes des êtres d'énergie et que l'énergie comme l'électricité se transmet, d'une personne à une autre. Nous sommes des vibrations, comme tout ce qui existe ! Quand nos vibrations sont en phase, elles augmentent ou s'additionnent. Si nos vibrations sont dans des phases différentes, elles sont diminuées. Si nos vibrations sont en phases opposées, elles s'annulent (certaines de nos vibrations seulement, heureusement !), elles sont égales à 0, momentanément, tant que nous sommes en relation… **Ensemble, nous sommes plus que la somme de qui nous sommes ! Dans le monde quantique, 1 + 1 n'est pas égal à 2 !**

Nous ressentons les vibrations des autres

Au quotidien, nous ressentons facilement les émotions d'autrui, car elles nous heurtent. Nous ressentons leurs colères, leurs inquiétudes… Même le mutisme de la personne qui nous fait face nous dit quelque chose. Il y a constamment un échange de vibrations entre les êtres. Il y a également des échanges, des relations avec tout ce qui nous entoure : animaux, arbres, plantes, rochers, montagnes, mers… Et l'amour ? Quelle belle vibration, qui fait chaud au cœur !
Savez-vous qu'on a réussi à mesurer le champ électromagnétique du cœur ? Il paraît qu'il est 100 fois plus fort que celui du cerveau et que son rayonnement* est de plusieurs mètres. Le cœur a des raisons que la raison ignore…

L'effet des pensées positives

Autre anecdote : à New York, un groupe de 700 personnes s'est relayé en méditation avec des pensées positives pour la ville pendant sept jours. Il paraît que le taux global de criminalité a diminué de 30 % pendant quelques jours !

L'énergie peut se transmettre de différentes façons d'une personne à une autre.

- **Par imposition des mains.** Il suffit de poser les mains sur la zone douloureuse par exemple pour que celle-ci disparaisse au bout quelques minutes (entre 1 et 20 minutes). C'est un effet de vases communicants : l'énergie va de la personne qui en est le plus pourvue vers celle qui en est le moins. Comme la chaleur se transmet de l'objet chaud vers l'objet froid, jusqu'à l'équilibre. Il n'y a rien à faire, c'est automatique ! L'énergie se transmet aussi sans contact, sans avoir besoin de poser la main, de toucher le corps. Il suffit de mettre les mains près du corps, au-dessus du corps. On sent parfois qu'il se passe quelque chose sous la main, une sensation de boule invisible, élastique, chaude ou fraîche. Parfois, on ressent une sensation de picotement ou de grattage, parfois c'est une sensation de flux, d'aspiration dans la main.
- **Par la pensée.** Le 2e degré du Reiki permet de faire des soins à distance. Et contrairement à ce que vous pourriez croire, cela fonctionne... Pour cela, on utilise le 3e symbole, qui permet d'entrer en contact à distance avec d'autres personnes, des animaux, des situations, des lieux, des objets... Vous êtes dans le métro ou dans un lieu public, au lieu de dessiner les symboles avec la main, vous pouvez les dessiner avec votre troisième œil, par visualisation et concentration. Vous appelez

les symboles ensuite. Très pratique et tellement efficace !

- **Par le souffle :** vous pouvez dessiner le premier symbole avec le bout de la langue, vous appelez trois fois le 1er symbole et vous soufflez dans le but de purifier ou donner de l'énergie sur :
  - une partie du corps : mains, poitrine, ventre, bras, œil… sur une personne et surtout sur soi-même ;
  - sur un objet ;
  - sur de la nourriture, sur de l'eau dans un verre ;
  - sur les animaux, sur les plantes.

À qui s'adresse le Reiki ?

Outil du bien-être au quotidien, le Reiki s'adresse à toutes et à tous, et répond à l'attente des individus qui cherchent l'équilibre en eux, qui, respectueux des autres et d'eux-mêmes, désirent trouver une voie thérapeutique différente. Donc, le Reiki est à la portée de tout le monde, du moment qu'on se consacre à cette pratique énergétique qui ne nécessite pas d'études ou de savoir-faire antérieur en médecine traditionnelle.

Les vertus du Reiki

Le Reiki est « *une* » thérapie holistique qui renforce et accélère le processus naturel de guérison de manière simple et agréable : elle rétablit l'harmonie psychique et le bien-être du corps. Elle agit sur les plans physique, psychique, émotionnel et spirituel ; régularise le système énergétique, dissout les blocages et favorise la véritable détente ; participe à l'élimination des toxines.

Le Reiki s'adapte aux besoins naturels du receveur et agit également sur les animaux (comme nous l'avons vu ci-dessus).

3 Le Reiki en pratique

Aux origines de la technique Reiki

Voici l'histoire du Reiki ou la légende du Dr Usui, telle que la raconte Mme Takata…

En 1850, un prêtre chrétien et docteur en théologie, le Dr Mikao Usui enseignait la théologie dans une université de Kyoto. Un jour, l'un de ses élèves lui demanda : « Maître, tu nous parles de la façon dont Jésus guérissait par imposition des mains. Y a-t-il quelque chose de tangible derrière ces miracles et pourrions-nous, nous aussi, faire la même chose puisque d'ailleurs Jésus a dit « tout ce que j'ai fait, vous pourrez le faire et même mieux » ? Au Japon, il existe un code d'honneur très strict qui veut que tout maître se doit de répondre aux questions de ses élèves. Usui avait été frappé par cette question, et suite à cela, guidé par sa foi, il commença une recherche, qui dura plus de dix ans, pour savoir s'il pouvait trouver des textes ayant trait aux méthodes de guérison de Jésus. Il se rendit aux États-Unis

pour étudier les textes sacrés à l'université de Chicago, où il fit une thèse sur les miracles de Jésus.
Mikao Usui ne trouva pas ce qu'il cherchait, mais il apprit alors que le Bouddha lui aussi guérissait par l'imposition des mains. Il rentra dans son pays, et il se mit à étudier les textes en shintô. Et ne trouvant toujours rien, il partit étudier dans un monastère bouddhiste réputé où étaient conservés de nombreux textes anciens. Il alla jusqu'à apprendre le sanscrit pour pouvoir accéder aux textes anciens d'origine traitant de la vie de Bouddha. C'est dans un manuscrit en sanscrit, vieux de deux mille cinq cents ans qu'il trouva les notes d'un des étudiants du Bouddha, contenant les symboles sacrés que le Bouddha utilisait pour la guérison.
Lorsqu'il eut ce texte entre les mains, il fut tout de suite convaincu d'avoir trouvé ce qu'il était venu chercher. Mais bien qu'ayant toutes les bases et compris tous les processus de la méthode, il n'avait toujours pas le pouvoir de guérir. Grâce aux conseils du moine qui dirigeait le monastère dans lequel il séjournait et qui était devenu son ami, il partit méditer et jeûna pendant vingt et un jours au sommet d'une montagne.

Se connecter à la source…

Lassé de ses recherches infructueuses, Maître Usui est allé méditer en haut de la montagne sacrée. Il a fait ce que font tous les maîtres à un moment donné de leur vie : se connecter à la Source. Voilà ce qu'il faut faire quand on est à bout de ressource, quand on ne

sait plus quoi faire. On prie Dieu ou le Bouddha ou toute autre déité. On demande humblement à Dieu ce qu'il faut faire. On demande à la Divine Providence de nous envoyer un signe. Pour que cela fonctionne, il faut lâcher prise, un lâcher-prise complet. Puis on se connecte à la Source divine. C'est le dernier recours ! Et là, ça vous explose en pleine tête !
Avec l'aide des symboles, au bout du vingt et unième jour, il entra dans une sorte de transe et senti une grande lumière blanche qui descendait sur lui. Il vit danser les symboles devant ses yeux.

La tradition bouddhiste

Quand un grand maître bouddhiste arrive à la fin de sa vie sur la Terre, et qu'il n'a pas pu former de disciple, il part dans l'Univers sous la forme d'un arc-en-ciel, et atteint son but en devenant pure lumière. Toute sa connaissance n'est pas perdue. Toute cette connaissance est inscrite dans le champ akashique à un certain niveau de fréquences.
Quand, dans le futur, un maître arrive au niveau vibratoire du maître disparu, il peut recevoir ces connaissances/informations spontanément soit pendant le sommeil ou pendant une méditation profonde, et même n'importe quand. Cette connexion crée un état de transe ou d'extase pendant lequel l'enseignement du maître disparu s'inscrit en lui.
C'est au nouveau maître de pratiquer pour révéler ce qu'il a reçu, sous une forme nouvelle qui lui est propre. La pratique sert de révélateur.

Descendant de la montagne, il tomba, le sang se mit à couler, et dès qu'il posa la main dessus, le saignement cessa. C'est à ce moment-là qu'il fut convaincu d'avoir vraiment reçu le pouvoir de guérir. Il alla ensuite prendre un repas dans une auberge, qu'il digéra sans problème malgré la longueur de son jeûne. La fille de l'aubergiste souffrant d'une rage de dents, il fit une imposition des mains et la douleur disparut. Rentré au monastère, il soigna l'arthrose du vieux moine.

Étant prêtre et chrétien, il se demanda alors comment il allait pouvoir servir et aider les autres avec ce nouveau pouvoir qui lui était donné. Il lui sembla que son devoir était d'aider les plus défavorisés. Il alla donc s'installer dans la banlieue la plus pauvre de Kyoto, dans un camp de mendiants. Tous les jours, il soignait sans rien demander en contrepartie. Au bout de quelques années dans ce camp, il constata que certaines personnes qu'il avait guéries avaient retrouvé du travail et une vie stable, mais revenaient au camp. Se demandant pourquoi ces gens revenaient, il leur posa la question et eut des réponses comme : « Finalement, c'est plus facile ici, on n'a pas à travailler et on est pris en charge. En dehors du camp, il est trop difficile de subvenir à ses besoins. »

À ce moment-là, il comprit que quelque chose n'allait pas dans sa façon de travailler, et il dut constater qu'on ne pouvait guérir qu'une personne souhaitant vraiment guérir. Il sut aussi qu'il ne suffisait pas de

guérir le corps, il fallait que l'esprit soit aussi impliqué dans la guérison.
À partir de ce jour, il changea complètement son approche. Il commença à demander une contrepartie financière pour ses soins, ou un échange de service. Il comprit aussi qu'il ne pouvait plus à lui seul prodiguer des soins holistiques et il commença à choisir, parmi les gens qu'il avait soignés, les plus motivés afin de les former.
Il commença enfin à enseigner ce que l'on appelle aujourd'hui le « deuxième degré », c'est-à-dire comment utiliser les symboles du Reiki pour la guérison du mental et le travail à distance. Il mit en évidence les relations entre les maladies et leurs causes émotionnelles, la valeur de la santé, le sens de la responsabilité de chacun, de la gratitude, et les règles d'échange entre les individus.

Maître Usui a retrouvé ce qui a été perdu !

Au bout de trois semaines de méditation et de jeûne, Maître Usui a reçu les informations sur le Reiki, l'énergie Reiki. C'est une forme d'extase mystique, où il comprend tout et rien à la fois ! Les informations reçues en vrac sont stockées en mémoire, il n'y a rien de concret, seulement une sensation enivrante de s'être connecté à une puissance formidable, un sentiment soudain et évident de tout savoir instantanément sur tout. Les énergies sortent des mains et elles harmonisent tout ce qu'elles touchent directement ou à distance.

→

Maître Usui possède une immense énergie en lui, mais la technique Reiki n'est pas encore née. Tout ce qu'il pense se réalise. Il lui suffit de faire le geste. Maître Usui peut tout faire de lui-même.
Le problème surgit quand il voulut apprendre le Reiki à ses élèves. Car Maître Usui a fini par comprendre qu'il valait mieux apprendre à pêcher que de donner des poissons, les personnes qu'il avait soignées revenant le voir après un certain temps. Comment partager ? Comment leur apprendre ? Comment transmettre ? Quel dilemme ? C'est pour cette raison que Maître Usui a dû créer la technique Reiki. C'est-à-dire un niveau 1, un niveau 2 et un niveau 3 en fonction des besoins. Tout ne s'est pas fait du jour au lendemain. Régulièrement, des techniques, des traditions se perdent au fil des ans pour plein de raisons. Mais tout renaît, tel le phénix. C'est la loi de la Vie. C'est cyclique. Différemment à chaque fois. Nous ne pouvons pas échapper à la ronde de la mort et de la renaissance.

Dans les années 1920, juste avant sa mort, Maître Usui choisit pour lui succéder dans le grade de grand maître l'un de ses élèves, le Dr Churyo Hayashi. Le Dr Hayashi était docteur en médecine. Il possédait une clinique à Tokyo, où il soignait et enseignait le Reiki. Il systématisa les manipulations du Reiki. En 1935, une Américaine d'Hawaii, d'origine japonaise, Mme Takata était alors en voyage à Tokyo pour se faire opérer d'une tumeur au cerveau. Au dernier moment, elle eut l'intuition qu'elle pouvait guérir autrement, avec une méthode plus naturelle.

Elle se renseigna et entendit parler de la clinique du Dr Hayashi. Elle refusa l'opération et décida de se faire traiter dans cette clinique. Au bout de huit mois, elle fut complètement guérie.
Suite à sa guérison, elle voulut s'initier au Reiki. Ayant très peu de ressources, elle dut faire beaucoup de sacrifices pour réunir l'argent nécessaire. Elle resta un an au Japon et s'initia au premier et au second degré, tout en donnant des soins dans la clinique du Dr Hayashi.
Le Reiki l'enthousiasma. Son vœu le plus cher était de devenir maître de Reiki. Mais cela lui fut tout d'abord refusé parce qu'elle était une femme. Elle travailla en collaboration avec le Dr Hayashi pendant plusieurs années. Devant tant de passion et de persévérance, celui-ci accepta d'initier Mme Takata au grade de maître. Elle lui succéda au titre de grand maître quand le docteur mourut juste au déclenchement de la Seconde Guerre mondiale.
Mme Takata partit ensuite aux États-Unis. À l'époque, seul le grand maître pouvait initier d'autres personnes à la maîtrise. Voilà pourquoi le Reiki passa du Japon aux États-Unis, et pourquoi aujourd'hui, même si cette pratique est encore connue de quelques initiés au Japon, c'est surtout en Amérique qu'elle s'exerce. Le Reiki s'est aussi répandu en Europe depuis une quinzaine d'années, ce qui m'a permis de m'initier à cette pratique énergétique reliée à la méditation après les dix premières années.

À sa mort, Mme Takata choisit pour lui succéder sa petite fille, Phyllis Furomoto, et Mme Barbara Rey. Sa fille créa une organisation, l'Alliance Reiki (The Reiki Alliance : www.reikialliance.com/fr/).
Mme Barbara Rey fonda quant à elle sa propre organisation : l'AIRA (American International Reiki Association) et qui dispense ses initiations sous le nom de Radiance. Ne pouvant plus faire face à toutes les demandes et sentant qu'il était temps que le Reiki se propage, Phyllis Furomoto, qui était la seule à pouvoir initier d'autres maîtres, décida que désormais tous les maîtres qui initiaient déjà depuis au moins trois ans pourraient former d'autres maîtres.

Le Reiki Sammara

Depuis une quinzaine d'années, différentes « écoles » de Reiki sont nées en Europe : Reiki KARUNA, Reiki SHAMBALLA, Reiki avec les pierres, Reiki shamanique, Reiki bouddhiste… Un livre épais recensant les différentes formes de Reiki est même paru !
Pour ma part, je pratiquais le Reiki USUI, la forme simplifiée transmise par Mme Takata. Je ne peux plus dire aujourd'hui que je pratique la méthode USUI, puisque Usui était un moine bouddhiste et qu'il enseignait en même temps la pratique de l'enseignement bouddhiste. Je peux dire que je pratique la méthode TAKATA, ce serait davantage vrai. La

« méthode TAKATA » est le cœur du Reiki SAMMARA. J'ai étoffé la méthode « TAKATA » d'informations, d'exercices pour que le Reiki soit plus « moderne », plus adapté, vivant, compréhensible, à la portée du grand public actuel.

Ce que signifie SAMMARA…
S : Sagesse
A : Amour
M : Médiumnité
M : Médecine
A : Ame
R : Retour
A : Absolu

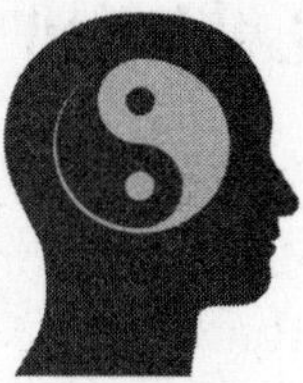

- **La Sagesse** nous pousse à faire ce qui doit être fait pour notre bien et pour le bien de tous, et non pour notre seul plaisir. Le Reiki travaille sur le mental, il éveille en nous la Sagesse, la Sagesse de l'Univers, la Sagesse divine. L'ignorance nous aveugle et nous entraîne sur le chemin de la souffrance. La « co-naissance » nous sort de la souffrance. La connaissance est innée, elle est en nous à la naissance. Le savoir utilisé au quotidien avec intelligence, discernement, en accord avec les sentiments du Cœur, éveille en nous cette sagesse. Cette connaissance devenue sagesse nous permet de vivre selon les lois de l'Univers, les lois qui régissent le monde invisible de l'énergie et de l'Amour.

- **L'Amour** avec un grand A est un amour altruiste, inconditionnel. Comment puis-je aimer tous les êtres vivants? Comment puis-je aimer tous les êtres humains ? C'est l'Amour universel pour tous les êtres visibles et invisibles, pour tout ce qui vit, et tout ce qui existe dans cet Univers et dans tous les univers. Aimer, c'est voir la beauté en « tout ». Les bouddhistes préfèrent employer les termes compatir, comprendre et ressentir, partager la souffrance d'autrui. Aimer, c'est partager le bonheur, la joie, la paix.

- **La Médiumnité** est une capacité naturelle de tout être humain de se connecter aux vibrations universelles qu'on appelle aussi la Bibliothèque akashique, les mémoires de l'Univers ou encore l'énergie Divine. La Médiumnité, ici, c'est l'intuition poussée à son extrême. Nous ne créons aucune nouveauté. Rien de neuf dans notre vie ne peut provenir de notre intellect. Vouloir, choisir, désirer puise dans la mémoire qui ne contient que des choses passées, vieillottes, dépassées, démodées, déclassées, perverties. Si nous utilisons la mémoire du passé pour construire le présent, nous ne faisons que modifier le passé. Nous ne pouvons pas créer. L'intuition nous permet d'être dans l'instant présent, dans l'instantané, sans se référer au passé. Alors seulement le nouveau, le neuf, le jamais-vu, le jamais-connu peuvent apparaître. L'intuition est une capacité humaine, plus ou moins développée, présente en chacun de nous. Nous sommes confrontés au même écueil pour toutes nos capacités, nous avons besoin de les travailler pour les améliorer.

- **La Médecine** qui nous concerne est la Médecine énergétique. Elle se base sur la connaissance de l'énergie, des lois qui la régissent, ainsi que les relations intimes entre l'énergie et la vie, les êtres vivants dont l'être humain. C'est une médecine totale, « holistique », c'est-à-dire qu'elle s'adresse à la totalité de l'être humain, elle recherche l'harmonie de ses quatre corps et de leurs interactions. La Médecine énergétique utilise le magnétisme et le verbe sous la maîtrise de l'esprit pour harmoniser les corps et recouvrer la santé. C'est par exemple le magnétisme, la médecine chinoise, la médecine tibétaine, la médecine ayurvédique, le yoga, le qi gong et d'autres médecines traditionnelles… ou nouvelles. Notre rôle est d'adapter ces techniques anciennes à la vie actuelle. Tout change même si l'essentiel est toujours présent. La technique Reiki ne cherche pas à modifier un symptôme, elle ne cherche même pas une guérison. L'énergie Reiki apporte le soulagement, le bien-être, un certain bonheur de retrouver l'intégrité de son corps énergétique et physique, de son corps émotionnel et de son corps mental. Les mémoires de souffrances sont effacées. Une vision nouvelle de la vie naît en nous.

- **ARA, c'est l'Âme qui fait un Retour vers l'Absolu.** C'est à travers la Sagesse, l'Amour, la Médiumnité, la Médecine énergétique que nous pouvons prendre conscience de qui nous sommes. Nous sommes des êtres divins parce que nous pouvons manifester toute la puissance divine. Notre vraie demeure est le Ciel (Vide cosmique). Notre vie sur la Terre n'est qu'un passage. Toutes les traditions disent que l'Esprit vient du Ciel et le corps matière vient de la Terre. Nous sommes des êtres de lumière dans un corps de matière ou de lumière densifiée. La lumière est information, illuminons notre corps pour recevoir automatiquement des informations, en particulier sur notre origine. Si nous libérons la lumière en nous, elle nous envahit, nous illumine, comme elle illumine notre sourire, notre présence. Elle nous protège dans le sens qu'elle éloigne l'obscurité, les ténèbres. Elle nous garde dans la joie, la légèreté, dans l'amour et la compassion. Alors, nous pourrons nous libérer de notre part d'ombre, des addictions de toutes sortes, des insatisfactions et des tentations qui créent en nous une soif inextinguible de pouvoir, d'argent, de sexe. Plus d'esclavages, plus de guerres, plus de folies.

Cette prise de conscience du retour vers l'Absolu signifie que nous sommes enfin rentrés chez nous. Notre long voyage est terminé. Nous pouvons poser « les valises ». Quel bonheur de se retrouver chez soi, de retrouver les siens. Quelle paix ! Vous êtes rempli d'une confiance infinie en vous et en la vie, même si parfois, à l'occasion d'une chute, votre confiance vacille. Quoi qu'il en soit, elle revient vite. Elle vous relève et vous permet d'oser, d'agir, de créer, d'aller vers l'inconnu avec persévérance, patience et courage. Vous comprendrez alors que nous venons au monde pour vivre un projet, réaliser des désirs, pour comprendre la vie et – l'essentiel – apprendre à aimer, à s'ouvrir à l'Amour universel, divin.

Avec le Reiki SAMMARA – grâce à votre travail sur le mental, à la transformation des pensées et des émotions négatives, à votre intuition accrue, à votre sagesse –, vous trouverez le chemin du retour à la maison du Père, symboliquement la maison où vous êtes né (l'Univers, le Vide cosmique, le fond cosmique, la Claire Lumière, la Source, Dieu). Le Reiki SAMMARA vous aide à entrer dans cette connaissance, vous permet de recevoir cette sagesse, d'apprendre cette médecine énergétique et de créer par la force de votre parole un monde nouveau où il y a davantage d'égalité et plus de libertés. Grâce à qui vous êtes, vous aiderez et vous guiderez votre entourage à trouver également le chemin vers l'Absolu.

Les initiations, l'essentiel du Reiki

Dans toutes les civilisations, il y a des initiations, des rites de passage. Comme toujours, tout se perd, tout est perdu. J'ai lu, par pur hasard (le hasard existe-t-il ?), un livre sur les sacrements expliquant comment se déroule le sacre des rois. Pour commencer, le pape oint d'huile certains points du corps du roi. Tout comme dans le Reiki. Comme par hasard — encore une fois — ce sont par les mêmes points que le maître fait passer l'énergie Reiki. Rappelez-vous Saint Louis sous son chêne, imposant les mains sur les malades. Les rois d'antan étaient des rois guérisseurs (on ne l'enseigne plus à l'école, me direz-vous !). Grâce à l'onction, les rois d'antan recevaient l'énergie Divine qui leur permettait de guérir. Il paraît que les chamans* font la même chose. Effectivement, j'ai pu le constater, le fameux chaman souffle de la fumée de tabac pour nettoyer la personne. Il souffle sur les mêmes endroits du corps ! Tout cela est bien étrange…

Une chose est sûre : il y a un *avant* et un *après* l'initiation Reiki. On n'est plus le même. Quelque chose change en soi en quelques minutes. On reçoit l'énergie de l'Univers. L'énergie Reiki en pénétrant à l'intérieur du corps le purifie. L'initiation est aussi un soin même si ce n'est pas le but recherché. C'est un soin énergétique évidemment. La descente d'énergie peut être très forte, certains initiés en sont bouleversés ! Certaines personnes au contraire ne ressentent rien. Nous sommes tous différents. Il est possible de ne rien sentir, cela ne veut pas dire que l'on a n'a pas reçu le Reiki. La sensibilité, on l'a ou on ne l'a pas. On est sensible parce qu'on est né avec cette sensibilité. Mais, dans le cas contraire, tout n'est pas perdu : on peut acquérir cette sensibilité avec un peu (beaucoup pour certains) de travail.

Au premier degré, vous recevez quatre initiations, donc quatre soins !

L'énergie Reiki renforce le corps, purifie les centres énergétiques (chakras* en sanskrit, voir aussi p. 82), des roues d'énergie* ou des vortex en langage moderne, les méridiens*. L'énergie Reiki traverse et purifie tous les corps. L'initiation Reiki* est un soin, en ce sens qu'elle est un nettoyage, comme on nettoie une maison. On passe un coup de balai, de serpillère, un coup de soufflette comme chez le garagiste. Rien de tel pour déboucher les tuyaux ou enlever les poussières.

En pratique, cela se passe comment ? Le maître Reiki ne fait rien. Il ne fait surtout rien ! **Il n'y a pas d'hypnose, pas de paroles, pas d'induction**. À la fin de l'initiation, la plupart des fraîchement initiés se sentent plus légers, plus souples dans leur corps, plus clairs et plus apaisés dans leur tête. L'énergie qui entre dans le corps le transforme ! Effet placebo me diriez-vous ! Pourquoi pas, oui, **j'accepte le terme de placebo** ! Placebo ou pas, ça a peu d'importance. Il vaut mieux accepter l'effet placebo et aller mieux que pas de placebo, et continuer de souffrir. Alors, oui à l'effet placebo puisqu'il fait du bien. Le Reiki fonctionne parce qu'on ne réfléchit plus, on ne mentalise plus. Ici comme dans l'harmonisation Reiki, il suffit d'être. D'être bien, d'arrêter de se faire du mal. On accepte volontairement et en toute conscience d'être aidé, soutenu, accompagné dans son désir de changement. Il n'y a pas de diagnostic et pas de traitement.

Ce qui n'empêche pas d'avoir un médecin traitant. Et d'aller consulter si on a très mal. Je le conseille évidemment. Je propose même que toute personne qui veut recevoir ou pratiquer le Reiki consulte son médecin traitant une fois par an et à chaque fois qu'elle pense être malade. En outre, le Reiki n'est pas une formule magique qui dispenserait d'interrompre un traitement préconisé par un médecin.

Notre enseignement est celui de l'Alliance Reiki, mouvement créé par la petite-fille de Mme Takata, Phyllis Furomoto. Dans l'Alliance, **à l'origine, il y a 3 degrés d'initiation.**

- **Dans le 1er degré de l'initiation Reiki, il n'y a pas de symbole.** La transmission du Reiki se fait par imposition des mains. Le premier degré permet, après une journée de stage, de pouvoir harmoniser les énergies du corps en posant juste les mains, sans penser à rien. De cette manière, on arrive à apaiser, à soulager. C'est merveilleux, non ? Un sourire, s'il vous plaît !

- **Le 2e degré se base sur l'apprentissage de trois symboles.**
  - *Un symbole de puissance*, pour augmenter la force des mains. Ce symbole augmente le flux d'énergie, arrête les hémorragies, calme les brûlures, soulage les douleurs, purifie l'eau, les lieux… Une trousse de premiers secours spirituels !
  - *Un symbole d'apaisement et d'harmonisation*, pour dénouer la tension émotionnelle chez une personne, ou harmoniser des situations de conflit entre des personnes. C'est aussi un symbole de protection.
  - *Un symbole de connexion à distance,* qui permet de se connecter à une personne qui peut être très éloignée de l'endroit où vous vous trouvez, pour lui faire un soin à distance. Il permet aussi d'agir sur une situation quelconque. (Voir les 3 symboles dans la 3e partie, p. 159 à 218.)

N'est-ce pas un cadeau du Ciel que de pouvoir faire tant de choses simplement après deux journées d'initiation Reiki* 1 et Reiki 2 ?

Témoignages

J'ai compris ce que faisait l'énergie

« Le stage d'initiation Reiki m'a apporté beaucoup d'informations sur cette méthode et sur son utilité. Ma demande était d'appréhender et de comprendre l'énergie et son rapport avec le corps. Le Reiki m'a aidé à découvrir une vie spirituelle, mais aussi la compassion. J'ai passé le Reiki 1 et le Reiki 2 avec joie et passion. L'auto-traitement m'apporte détente et bien-être. Je ne pratique qu'épisodiquement le Reiki sur autrui par manque de temps, et c'est dommage ! »

Georges, 39 ans

Je me suis senti de mieux en mieux

« J'ai commencé par recevoir des soins Reiki car j'étais très fatigué. J'ai ressenti un grand bienfait après chaque séance. J'ai ensuite reçu l'initiation Reiki 1. J'ai pu me donner du Reiki avec l'auto-traitement. Je sentais les effets après chaque séance... Rapidement, j'ai aussi pu commencer à donner des soins à d'autres personnes. Avec le Reiki 2, j'ai pu constater combien le Reiki est utile au quotidien. Ce qui est génial, quand je pratique un soin, c'est que moi aussi je reçois de l'énergie ! »

Thierry, 28 ans

- **Le 3e degré, qui est le degré de l'initiation à la maîtrise, permet l'enseignement et la transmission des initiations et des symboles.** Aujourd'hui, ce degré se fait en deux temps : un premier temps pour les personnes qui veulent recevoir l'initiation de

la maîtrise sans vouloir transmettre les enseignements du Reiki, et un second pour pouvoir transmettre les enseignements et faire les initiations.
Vous n'y croyez pas ? Vous avez envie de crier : « Quel charlatan ! Il y a anguille sous roche. Il y a un piège. Non mais, je ne vais pas gober ça ! » Eh bien, vous avez raison : ce n'est pas possible si vous ne voulez pas essayer. **Le Reiki est destiné aux personnes qui ont foi en la vie, aux personnes qui croient qu'il existe dans l'Univers des forces supérieures à elles.** Ces personnes pensent que la vie peut être simple, légère et, qu'au besoin, elle nous donne tous les moyens pour être heureux et en bonne santé, mais également les moyens de recouvrer facilement la santé. Le Reiki est fait pour les gens croyant à l'harmonie et à l'interconnexion entre les humains et désirant créer de l'harmonie autour d'eux.
Avec le Reiki, pas de longues études, pas de nuits blanches passées à se bourrer le crâne, pas de titres ronflants non plus. Beaucoup d'humilité. Un réel lâcher-prise. Pas de « je veux », pas de « tout pour moi », pas de « voyez ce que je peux faire ». Il suffit d'être (c'est le comportement contraire de la majorité des gens !).
Un conseil : venez essayer ! Il n'y a pas d'autre façon de savoir. Essayer, tester, expérimenter, toucher comme des enfants, au risque d'être déçu ou d'avoir mal, avoir des malaises, de pleurer devant tout le monde. Pleurer en public ! Il se

peut que vous risquiez d'abandonner pour cacher vos faiblesses ou alors il est possible que vous décidiez de continuer : l'éventail des choix possibles n'est pas large.

Le Reiki, c'est comme la musique, le sport, la peinture, ce n'est pas en restant les deux pieds dans le même sabot que vous allez apprendre et savoir faire quoi que ce soit ! Il faut se jeter à l'eau, faire sa propre cuisine. Ne dites pas « je vous regarde faire ». C'est connu, ce sont ceux qui ne font rien qui critiquent le plus et qui ont un avis sur tout. C'est comme le sel et le sucre : il faut goûter, sinon rien, pas de sensation. Vous voulez un beau quatre-quarts ? Mettez la main à la pâte. Osez aller au-delà de vos préjugés, de vos petites habitudes, de votre paresse, de votre zone de faux confort, de votre inertie, de vos « excusites* ». C'est cela le vrai travail spirituel !
Ce qui ne m'empêche pas de dire : merci ! Merci à la Vie ! Merci à tout ce qui vit, à tout ce qui existe dans cet univers ! Gratitude infinie à Maître Usui et à Mme Takata ! Certains se plaisent à critiquer Mme Takata. Pourtant, sans elle : zéro, rien, pas de Reiki pour l'Occident !

L'important, c'est de tenter !

Et si, après l'initiation, je n'arrive pas à me faire du bien, ni à mes enfants ni à mes amis ?

Est-ce si grave ? Un peu contrariant évidemment, mais sans plus. Choisissez de vous investir dans autre chose. Faites ce qui vous plaît tant que vous ne faites pas du mal à quelqu'un ! On peut commencer la guitare, le foot, la peinture, puis arrêter quelques mois après. Où est le problème ? Au moins vous avez tenté de faire quelque chose ? Ah, sacrées culpabilité et dévalorisation !

Partie 2

LE 1er DEGRÉ : L'INITIATION

Le 1er degré est un bon moyen pour mettre un pied dans le monde de l'énergie. C'est une passerelle, un tremplin. Certaines personnes peuvent se contenter du premier degré. Je pose les mains, et la personne qui reçoit le Reiki va mieux. C'est tout ce qui les intéresse... pour un moment. L'envie de passer le 2e degré vient assez vite pour la plupart si on a, dès le départ, un désir puissant de pratiquer le Reiki. Le but, c'est de passer le degré suivant.

1 S'initier, recevoir et pratiquer le Reiki

À ce stade de la lecture, vous êtes sûrement intrigué par le Reiki, mais cela reste encore assez flou pour vous. Je ne vous en dirai pas plus sur la théorie, le temps est venu de passer à la pratique. Inutile d'en savoir plus pour s'y mettre… **Il est même approprié de ne pas en savoir trop sur le Reiki pour se lancer…**

C'est comme partir en voyage. Certaines personnes préparent leurs voyages de A à Z. Elles connaissent tout du pays qu'elles vont visiter. Quel intérêt puisqu'elles connaissent déjà tout ? Pas de surprises, à part peut-être de dire : « Waouh, c'est plus beau que je ne le pensais ! » On risque d'être plus facilement déçu, car on va comparer avec quelque chose que l'on connaît déjà. Tout n'est pas toujours comme il est décrit dans les guides. Chacun fait comme il le sent, le pense, le voit, l'entend, l'aime ! Je ne prépare jamais mes vacances. Bien sûr, je me documente au minimum sur les risques. C'est une façon de faire que de tout prévoir et une autre tout aussi valable que de s'ouvrir à l'inconnu. **Laisser l'inconnu entrer**

dans sa vie, s'ouvrir à l'imprévisible, c'est permettre aux belles choses d'arriver.

N'hésitez pas à commencer le voyage Reiki sans en connaître toutes les étapes. C'est bien aussi de découvrir les choses au fur et à mesure, d'être dans l'attitude : je ne sais pas ce qu'est réellement le Reiki, mais j'ai très envie de pratiquer et je crois bien que ça va me plaire ! En pratiquant le Reiki avec le 1er degré, on peut changer sa vie sans le savoir. On peut avoir une vie spirituelle sans se poser plein de questions. On commence à mettre plus de spiritualité dans sa vie dès le 1er degré grâce à l'auto-traitement. Vous changerez progressivement vos croyances. Vous transformerez vos biens négatifs en biens positifs : vous transformerez vos colères en tendresse et bonté, vos impatiences en paix, en sérénité ! **Vous apprendrez à méditer sans le savoir, vous maîtriserez mieux vos émotions et vos sentiments.** Le fait de vous accorder deux minutes de recueillement avant chaque soin vous apaisera. Vous prendrez progressivement conscience des forces de l'Univers ou divines.

Témoignage

J'ai découvert un sens positif à ma vie

« Je suis venu au Reiki complètement par hasard alors que je souffrais d'une cruralgie. Une collègue initiée au second degré m'a proposé de me soigner et c'est ce qu'elle a fait, juste en posant ses mains

sur ma jambe. L'énergie ne devait pas circuler la première fois, mais celle d'après, l'apposition me soulagea.
Quelques années plus tard, j'ai souhaité m'initier à mon tour.
L'initiation au premier degré fut un bouleversement, une révélation. J'ai eu l'impression qu'enfin toute ma vie avait un sens. Durant toutes ces années, des pans entiers de mon existence m'étaient mystérieux et puis cela a changé. J'avais le sentiment merveilleux et rassurant que j'étais aux commandes de ma propre vie et que chaque chose avait un sens.
Depuis, j'ai passé le second degré. Le Reiki m'a ouvert le cœur, l'esprit et ma perception des autres a changé. Maintenant, je fais les choses en conscience. »

Xavier, 34 ans

En posant les mains sur le corps physique, vous allez faire du bien à ce corps, qui est votre véhicule, votre maison. Cette maison a besoin d'être réparée, puis d'être entretenue. **Vous allez entretenir votre maison, par vous-même. Vous avez les moyens de le faire.** Vous avez besoin de vous aimer. Vous avez besoin de vous faire du bien. Vous apprendrez la patience, la persévérance. Vous avez besoin d'être nourri par l'énergie. En harmonisant ce corps, celui-ci va se sentir mieux, vous allez vous sentir bien. Ça fait du bien d'être en bonne santé, d'être en forme. Votre tête ira mieux, votre mental ira mieux. En agissant sur le corps, vous agirez sur votre mental. En agissant sur le corps physique, vous changez de croyances, vous verrez la vie autrement. C'est important de s'occuper de soi, d'être bien, avant de vouloir s'occuper des autres.

L'auto-traitement reiki

L'auto-traitement n'est pas fait pour guérir une maladie même si certains symptômes disparaissent grâce à lui. Il nettoie votre corps des énergies négatives (fatigue, émotions négatives emmagasinées…). C'est un moyen efficace pour se donner de l'énergie, pour changer ses énergies, surtout quand on est en bonne santé, pour être en meilleure santé. Il y a toujours une blessure à transformer, cachée au fond de nous. Ce n'est pas parce que nous croyons être en bonne santé qu'au fond de nous ne dorment pas une colère et/ou une peur… Et si l'on est patraque, physiquement ou moralement, l'auto-traitement est tout à fait indiqué.

Idéalement, l'auto-traitement doit être pratiqué toute votre vie. Idéalement, de manière quotidienne pendant quelques minutes, ou bien au moins une ou deux fois par semaine si vous n'avez « pas le temps ». Vous pouvez aussi pratiquer l'auto-traitement pendant quelques jours d'affilée, à chaque fois que vous ne vous sentez pas bien. Ayez ce réflexe. Cela évite de laisser se développer des maladies graves.

Comme dans la maison, faire le ménage quotidiennement est recommandé sinon la poussière s'accumule au fil des jours. Plus le temps passe, plus vous êtes découragé jusqu'à ce que vous vous décidiez enfin à agir… Et le travail est alors beaucoup plus long et beaucoup plus pénible. Les causes de votre mal-être qui s'éveille à la cinquantaine, à la soixantaine, sont très difficiles à trouver, car elles sont profondément enfouies dans l'inconscient.

L'auto-traitement agit directement sur votre corps physique en stimulant les organes directement placés sous la main et indirectement sur votre mental par l'intermédiaire des chakras, des centres de conscience qui se retrouvent sous vos mains. Les chakras sont reliés à des organes, mais ils sont plus que ça : chaque chakra correspond à un niveau de conscience, à des croyances, à des états émotionnels. Ils sont reliés « énergétiquement » à une glande endocrine ou à un plexus nerveux (voir ci-après « Le rayonnement énergétique des sept chakras », et le glossaire à la fin de l'ouvrage, p. 261).

Le fait de poser les mains sur ces zones va donner de l'énergie à ces zones. Les organes seront vitalisés, les états mentaux et émotionnels seront améliorés. L'énergie Reiki arrive, active, nourrit les organes directement situés en dessous. **L'auto-traitement est une harmonisation par soi-même pour soi-même. Nous aidons le corps physique en nous rechargeant en énergie.** C'est très bon pour la santé. Il faut en abuser. Il faut le faire tous les jours ! Même pendant cinq minutes. Ne me dites pas que vous n'avez pas le temps ! On connaît la chanson, ça ne marche pas avec les pratiquants Reiki.

Témoignage

Je me sens plus forte

« Lors de l'initiation Reiki, j'ai senti l'énergie remplir tout mon corps, ainsi que la joie. J'ai ressenti au plus profond de moi une force qui m'a détendue entièrement. Ma tête est devenue plus claire, plus légère. Le Reiki a transformé ma vie ! Depuis, je me sens plus forte et plus positive. Je continue de pratiquer le Reiki sur moi par l'auto-traitement, mais aussi sur ma famille et mes amis. Je donne aussi régulièrement quelques soins. Le Reiki m'a permis de garder l'optimisme dans les moments les plus difficiles. »

Louise, 41 ans

Le rayonnement énergétique des sept chakras

Les chakras sont les centres énergétiques, les centres de conscience. Ils appartiennent au corps subtil* énergétique de l'homme dans la science ésotérique du yoga, du tantrisme. Ces chakras sont bien sûr invisibles au quidam. Ils ont une correspondance directe avec les tissus organiques (plexus nerveux, glandes endocrines) et leurs fonctions.

Les chakras, intermédiaires entre le monde invisible et le monde physique

Les sept chakras les plus importants se trouvent à l'intérieur du corps, au niveau de la colonne vertébrale. Ils ont une ouverture vers l'extérieur au niveau de la ligne médiane antérieure et postérieure du corps. Par convenance usuelle, quand on parle de chakras, on parle en général de l'ouverture antérieure du chakra.

Il existe d'autres chakras, les chakras mineurs, plus ou moins importants selon leur taille, selon le nombre de croisements des vaisseaux énergétiques ou « nadis* » dont ils sont formés. Ils correspondent aux grandes articulations : pieds, genoux, hanches, mains, coudes, épaules… Il existe aussi des petits chakras au bout des doigts et des orteils. Pour la transmission d'énergie, on utilise le chakra de la paume des mains.

Ce réseau énergétique forme la trame subtile du corps. Les chakras sont les intermédiaires entre le monde invisible et le monde matériel qui est notre corps physique. **L'énergie de l'Univers passe par les chakras qui la transforment et nourrissent le corps énergétique.** Celui-ci transmet l'énergie captée et transformée au corps physique en passant par les glandes endocrines, le cerveau, les organes. Le corps énergétique est vital pour le corps physique. Nous ne nous nourrissons pas uniquement d'aliments, mais aussi d'énergie subtile captée par les chakras, par la respiration et les pores de la peau. Il y a un échange permanent entre le corps énergétique humain et l'énergie de l'Univers.

Nous sommes enfants de l'Univers par l'énergie cosmique qui donne la vie et nous sommes enfants de la Terre par l'énergie terrestre qui donne la matière au corps.

La purification des chakras avec le Reiki est un travail important pour tout initié Reiki. En purifiant le corps mental, l'initié Reiki s'éveille à une nouvelle conscience, une conscience de sagesse, d'amour et de compassion. Chaque chakra est la porte d'un plan de conscience.

Les sept chakras principaux en détail

Traditionnellement, les chakras ont les couleurs suivantes :

- 1er chakra, chakra de base ou Mûlâdara (« base ») : rouge
- 2e chakra, chakra du bas-ventre ou Svâdishtâna (« lieu d'habitation ») : orange
- 3e chakra, chakra du plexus solaire* ou Manipûra (« la cité des joyaux ») : jaune
- 4e chakra, chakra du cœur ou Anâhata (« non frappé ») : vert émeraude
- 5e chakra, chakra de la gorge ou Vishuddha (« pur ») : bleu ciel
- 6e chakra, chakra entre les sourcils ou Ajnâ (« autorité, commandement, pouvoir illimité ») : bleu indigo

- 7e chakra, chakra du sommet de la tête ou Sahasrâra (« aux mille pétales ou vide ») : violet

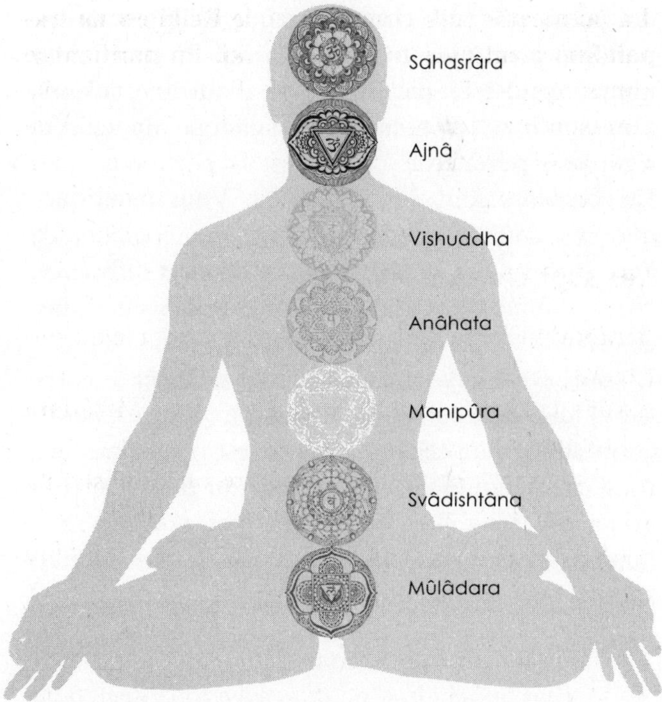

Chaque chakra contient un certain nombre d'ampoules ou de leds. Chaque led a un variateur de fréquence qui lui permet de s'allumer en rouge ou en vert ou en bleu. La couleur du chakra est le mélange de toutes ses couleurs. Donc, en général, il y a de toutes les couleurs. Idéalement, le chakra doit avoir une belle couleur unique brillante correspondant à un niveau de conscience. Cette couleur unique peut-être parasitée par d'autres couleurs, plus sombres, plus ternes si l'énergie du chakra n'est plus pure.

Les couleurs sont des vibrations. Vous remarquez que ces couleurs correspondent aux couleurs de l'arc-en-ciel, aux couleurs de la lumière diffractée. Nous sommes des êtres de lumière, des êtres arc-en-ciel !

L'aura* est le rayonnement global qu'émet le corps subtil lui-même composé de plusieurs corps. Chaque corps subtil a un centre, ce centre est un chakra, une roue énergétique, un vortex, un trou noir. Un trou noir n'est pas si noir que ça. Le trou noir aspire la lumière, mais il rejette aussi une lumière encore plus subtile, encore plus difficile à capter.

Purifier et fortifier ses chakras par la résonance avec les couleurs

Le fait de visualiser les couleurs dans les chakras va les mettre en résonance. Cela veut dire que les chakras vont se mettre à vibrer à la fréquence des couleurs visualisées. Ainsi, toutes les couleurs parasites sombres, négatives seront effacées progressivement tout comme leurs correspondances mentales et émotionnelles.

Une fois que vous aurez avancé un peu plus dans l'initiation Reiki, et découvert notamment le premier symbole (voir p. 159), vous pourrez faire le petit exercice suivant.

Assis en position du pharaon (voir p. 99), visualisez chaque couleur jusqu'à obtenir une belle couleur éclatante. Si vous ne voyez rien au début, pas de panique, persévérez aussi longtemps qu'il faudra jusqu'à la réussite.

- Harmonisez l'aura.
- Dessinez le 1er symbole (voir p. 159) sur chaque chakra, puis posez les mains. Vous pouvez vous aider en visualisant une pierre de même couleur, un fruit, une photo couleur.
- Harmonisez l'aura.

Plus vos chakras brilleront d'une belle couleur unique, plus vos champs de conscience seront harmonisés et stimulés. Cela veut dire que vous allez devenir qui vous devez être et ce potentiel se trouve déjà en vous. Vous deviendrez un être lumineux !

Les chakras appartiennent à une science très ancienne, très complète, très riche, mais malheureusement complexe. Vous trouverez ci-après un tout petit aperçu des fonctions de chacun d'entre eux. Vous n'avez pas besoin d'en savoir plus pour le moment. Il y a une bibliographie abondante à ce sujet pour ceux que cela intéresse. Plus tard, soyez curieux…

• **1er chakra : *Mûlâdara* (« base »)**
Couleur : rouge

Ce chakra se situe entre l'anus et les organes génitaux, un peu à l'intérieur. Ce chakra nourrit le petit bassin, le périnée*, le coccyx, le sacrum, les reins, les glandes surrénales, la fonction d'excrétion (urine, selles).
Ce chakra est relié aux chakras des hanches, des genoux, des pieds. Ce qui permet la connexion à la terre (enracinement à la terre, les pieds sur terre), à l'énergie de la Terre. On s'assure en visualisant que des racines rouges partent très loin, jusqu'au centre de la terre, représenté par une boule rouge.
Il est en relation avec le nez, il a un lien avec l'odorat.
La personne qui vit à ce niveau de conscience a une tendance matérialiste et recherche à combler ses besoins primaires : se nourrir, prendre ce qui est bon pour soi et rejeter ce qui est mauvais pour soi de manière instinctive et égocentrée.

Ce chakra correspond à l'instinct et à l'inconscient : peur de la mort, de l'abandon, du rejet, peur de manquer, réaction violente…
Les émotions sont primaires avec un comportement violent, agressif, de défense.
Il y a un sentiment d'insécurité, de la colère, de l'avidité…
La préoccupation de la survie physique et des besoins vitaux prédominent.
La personne s'isole facilement, elle a le réflexe de lutte ou de fuite et de repli sur soi puissant.
Les tensions musculaires sont fréquentes (mâchoires, poings, cuisses…).
Le désir d'expérience spirituelle s'éveille à ce niveau.

• 2e chakra : *Svâdishtâna* (« lieu d'habitation »)
Couleur : orange

Ce chakra se trouve au-dessus des parties génitales.
Il correspond avec la sexualité, fonction de reproduction.
Il commande les organes génitaux.
Il est en relation avec la langue et le goût.
Il y a un besoin de nourriture, de protection.
La recherche du contact physique, du désir de sensation physique, du plaisir prédomine.
Le comportement est fluide, sensuel, on a envie de jouer, de jouer des rôles, des rôles de héros, de princesses, de princes, puis, plus tard, de sauveurs… Il y a des réactions vives d'envie, de jalousie.

L'imagination est importante. La force est recherchée et appréciée. On a envie de se sentir fort.
La joie, la satisfaction apaisante, la créativité (les arts) sont des moyens efficaces pour dépasser l'angoisse, l'envie, la jalousie, l'envie de posséder, le sentiment de nullité, la vision négative, la violence.
C'est le centre de la puissance, de la force, de l'énergie. C'est le lieu où l'énergie se concentre et se renforce. Nous avons besoin de cette force pour agir, réaliser nos rêves. Il s'agit de bien distinguer la force de la violence, de l'agression. Il s'agit aussi de bien prendre conscience de la puissance de la force sexuelle, de ce qu'elle apporte comme richesse dans la relation à deux. La force sexuelle peut être très forte et mal utilisée. On peut en être prisonnier sans le savoir. Si nous ne la reconnaissons pas, l'envie sexuelle devient incontrôlable et nous pousse à faire des actions regrettables, créant beaucoup de souffrances à autrui et à soi.
La force sexuelle est créatrice (créations artistique, musicale, sportive, professionnelle). La force sexuelle est liée à l'énergie des reins, elle apporte la confiance, la sûreté, la volonté, la persévérance, le désir, l'envie… Elle nous pousse à agir, à enrichir notre vie, elle attire l'abondance. C'est pour cela qu'il faut aussi la fortifier, sinon la libido sera absente et cela impactera la possibilité d'avoir des enfants.

• 3e chakra : *Manipûra* (« la cité des joyaux »)
Couleur : jaune

Ce chakra est situé au niveau du plexus solaire*, il est en relation avec le système digestif, la rate, le pancréas, l'estomac, le foie. C'est aussi la digestion psychique. Ne dit-on pas « je n'ai pas pu digérer cette affaire, elle m'est restée sur l'estomac » ?
Ce chakra est relié aux yeux, à la vue, aux membres inférieurs. Les origines des troubles de la vue ne sont-elles pas à rechercher dans notre façon de voir la vie ? On dit bien « je vois la vie en rose » ou « en noir », ou encore « je vois rouge ». L'émotion perturbe la vision. Ainsi voit-on bien de près ou de loin.
Quand ça ne va pas, il y a des problèmes de digestion, d'intestins, de constipation, de faiblesse du corps, de « corps lourd », de jambes lourdes. Ces troubles traduisent une réaction inconsciente du corps face aux événements qui nous stressent.
C'est le siège de la relation aux autres, du pouvoir sur les autres, de l'ego*, de l'identité, de la fermeture de soi, de l'isolement, du rejet, du pouvoir. La recherche de soi se fait à l'extérieur, il a agitation, inquiétude. Il y a recherche d'accumulation de richesses extérieures. Il y a recherche de valorisation, volonté ou crainte d'être vu.
Si le plexus solaire* est faible ou bloqué par le surmenage et le stress, les mains et les pieds peuvent être froids et pâles. Les pensées sont obsessionnelles, remplies de ressassements, attirées vers le passé. La

vie n'est que reproduction de schémas passés et de cycles interminables de souffrances égotiques.
L'éveil est la conscience de la part de responsabilité personnelle qui nous échoit dans tout ce qui nous arrive et de savoir en accepter les conséquences. C'est à travers le vécu de nos propres expériences douloureuses que nous pouvons tirer des leçons de la vie. Nous sommes semblables et nous devons nous accepter comme tels. Il n'y a rien à changer, à corriger, à transformer. Tout ce que nous vivons, expérimentons est bon et nécessaire pour nous. Même si cela est douloureux ! Nous saurons rectifier le tir. Patience et bienveillance sont nécessaires. Pour soi et autrui.
L'équilibre s'exprime par l'aide désintéressée, la relation claire avec autrui, la recherche de l'harmonie, l'écoute et le service.
L'être sur le chemin recherche la paix intérieure. Il maîtrise la parole, l'expression verbale. Il observe et parle peu. Il peut poser un regard bienveillant sur le monde parce qu'il l'accepte tel qu'il est.

• 4e chakra : *Anâhata* (« non frappé »)
Couleur : vert émeraude

Situé au plexus cardiaque, au niveau du cœur, au centre de la poitrine, il est le centre de la sensibilité, de la sensation, de l'acuité sensorielle.
C'est le toucher, le contact, la peau, la main, la langue, les lèvres.

Ce chakra contrôle les battements et les rythmes du cœur, la chaleur dans le cœur. La perte d'amour serre ce centre ; souffrance, angoisse, agitation, sensation de mort se manifestent.

C'est le lieu d'équilibre des trois chakras supérieurs et inférieurs. L'harmonie du cœur est liée à l'harmonie des autres centres.

L'équilibre se manifeste par la maîtrise du langage, des désirs et des fonctions physiques, la maîtrise de soi.

Si le centre est déséquilibré, il naît un amour centré sur soi, un amour attachement, organisé par l'ego général, celui qui s'aime à mille pour cent et qui a si peur de ne pas être reconnu, valorisé et aimé. Il réagit soit avec violence ou bien a l'impression de mourir.

Le sage prend du recul. Ce retrait lui permet d'avoir un dépassement de l'événement et de l'environnement, il acquiert l'indépendance, il accepte sa différence, il accepte qui il est. Il utilise sa sensibilité et s'affranchit de la sensiblerie. Il ressent les êtres. Il sait recevoir, donner et pardonner. En fait, il n'y a rien à pardonner, tout est parfait.

Il émane la paix et la sérénité en sa présence.

La personne devient amoureuse, d'un amour inconditionnel, car il voit le divin dans chaque être.

• 5e chakra : Vishuddha (« pur »)
Couleur : bleu ciel

Ce centre est en relation avec le plexus carotidien, la gorge, la thyroïde, les parathyroïdes.
Ce centre est connecté aux oreilles, à la bouche, à la langue.
L'expression de ce centre est la parole, le verbe, la voix douce, la maîtrise du langage, des mantras*, de la prière, de la compréhension du sens caché (rêves…).
Ce centre perçoit les vibrations auditives subtiles intérieures.
La personne dominée par ce chakra est attirée par la nature du monde, des sens et de l'esprit.

• 6e chakra : *Ajnâ* (« autorité, commandement, pouvoir illimité »)
Couleur : bleu indigo

Ce centre est relié au plexus de la moelle, à la glande pituitaire*, au cortex frontal et au cerveau primitif profond. Il se situe entre les sourcils.
La recherche de la spiritualité et de la connaissance si l'on n'a pas l'harmonie des centres inférieurs crée une distorsion de ce centre. La perception de l'environnement est déformée et illusoire. Le monde existentiel est pure création de l'ego*. L'action n'est que réaction.

Celui qui a développé harmonieusement ce centre, lève les voiles de l'ignorance, il est éveillé (il est devenu un bouddha).
Les désirs sont dépassés. Il ne crée plus. Il voit le monde tel qu'il est.
La connaissance est spontanée, immédiate. Le passé, le présent et l'avenir coexistent simultanément. Au-delà du temps et de l'espace. L'aura lumineuse se forme autour de la tête. Les désirs deviennent réalité spontanée. (Cela ressemble bien au monde quantique qui n'est pas perturbé par l'expérimentateur.)

• 7e chakra : *Sahasrâra*
(« aux mille pétales ou vide »)
Couleur : violet

Ce chakra se situe au sommet du crâne, correspond au cortex cérébral supérieur et à la glande pinéale*. L'harmonie de ce centre nous conduit vers l'immortalité.
Vérité, être, béatitude.
Tant que l'être demeure dans le corps physique, il conserve une conscience dualiste.
Ce centre permet la connexion avec la Bibliothèque de l'Univers : l'Akasha*.
Celui qui rencontre Dieu, chante, danse, écrit des poèmes ou demeure dans le silence !

2 Les soins Reiki, pas à pas

Les traitements de Reiki nécessitent plusieurs séances, même si la personne semble aller mieux dès la première séance ou si des améliorations se font ressentir à la deuxième. Pour permettre à l'organisme de se rééquilibrer, il est nécessaire de poursuivre plus loin. Commençons par envisager l'auto-traitement, avant de poursuivre avec l'harmonisation rapide, puis l'équilibrage des chakras et enfin le traitement global de base.

L'auto-traitement en pratique

Les principes de l'auto-traitement

- Faites l'auto-traitement **tous les jours**. Le matin, c'est idéal, car cela vous prépare pour la journée. Ainsi, vous commencez la journée le corps détendu, l'esprit en paix, le corps énergétique rechargé : vous ne pouvez pas tomber malade, et vous êtes prêt à attirer de belles énergies et des situations favorables. Vous pouvez aussi faire l'auto-traitement le soir avant de vous endormir, ou le matin et le soir (c'est encore mieux !). Vous pouvez aussi le faire à n'importe quel moment de la journée pour vous recharger en énergie.

- Pour pratiquer l'auto-traitement, la position idéale est la **position assise** avec le dos bien droit, sans vous appuyer contre le dossier. Les pieds sont légèrement écartés, l'un un peu devant l'autre. Cela permet de tonifier le dos tout en apprenant à relâcher le corps (voir la position du pharaon ci-après). La position allongée est aussi une position agréable, le corps est bien détendu mais gare à l'endormissement.
- Gardez chaque position **entre 3 et 5 minutes,** ou bien jusqu'à ce que vous sentiez une bonne sensation égale sous les deux mains. Si vous n'avez pas le temps (enfin, si vous croyez que vous n'avez pas assez de temps), mieux vaut tenir chaque position moins longtemps (par exemple une minute). Ce n'est pas trop la durée qui compte mais la répétition, tous les jours.
- Vous pouvez aussi mettre en pratique l'auto-traitement complètement, puis **apposer les mains à l'endroit de la douleur ou de tension pendant 15 minutes.**
- En principe, **gardez le dos droit** pendant tout l'auto-traitement. Si le dos se fatigue, vous pouvez poser les coudes sur les cuisses. Dès que vous êtes détendu, redressez le dos. Malgré la fatigue,

gardez le dos droit, relâchez les muscles de tout le corps et surtout les muscles du dos : la position tonifie et assouplit les muscles du dos.

La position du pharaon

C'est la posture du roi : fier, droit, ouvert, bienveillant, majestueux. Le roi a de l'autorité. Il commande à l'énergie. L'énergie circule bien dans tout le corps, elle monte facilement le long de la colonne vertébrale. Elle descend facilement aussi. Cette position facilite la circulation du *qi* et son harmonie dans tout le corps. Le roi est détendu, calme, serein, sûr de lui. Il est assis sur son trône. Il se maîtrise. Il est maître de lui-même. Calme à l'intérieur, il peut avoir un regard paisible et bienveillant autour de lui. Il rayonne. Surtout s'il sourit ! Si vous prenez cette posture régulièrement, vous deviendrez ce roi !

→

- Vous êtes assis sur le bord d'une chaise à la racine des cuisses (les cuisses sont à l'horizontale).
- Les pieds sont posés à plat sur le sol, l'un des deux est placé un peu plus en avant.
- Les genoux sont écartés, un peu plus que la largeur du bassin.
- Le périnée est serré.
- Le bas du dos est légèrement creusé.
- Les épaules sont relâchées, la tête est sortie des épaules.
- Le menton est rentré.
- Le regard est horizontal.
- La langue touche le palais.
- Les mains sont posées sur les cuisses, paumes vers le haut.

Le déroulement de l'auto-traitement

1. Mettez-vous en position du pharaon.

Harmonisez votre aura.
L'aura* est le rayonnement global qu'émet le corps subtil. Pour l'harmoniser, caressez-la de haut en bas avec vos mains, même si vous ne la voyez pas, faites comme si, trois fois.
Envoyez un grand sourire dans tout le corps.
Pour cela, souriez. Votre sourire doit se voir sur votre visage. Puis regardez votre corps, et laissez le sourire se répandre dans tout votre corps. Rien n'est évident au début. Avec un peu de pratique, vous y arriverez. Ne vous découragez pas.

2. Posez les mains, les petits doigts se touchant, sur le sommet du crâne, le vertex.

Portez l'attention au sommet de la tête et aux mains. *Envoyez un sourire sous les mains.*
Cela permet de fortifier la glande pinéale*, le cerveau profond, automatique, instinctif, émotionnel… Cela permet aussi d'harmoniser les deux cerveaux droit et gauche, de renforcer le cerveau, le cortex cérébral, de faire monter l'énergie vitale vers le cerveau, de tirer, aspirer l'énergie vers le haut, vers le sommet. C'est

important surtout quand on est fatigué et que tout « tombe », par manque d'énergie, à cause de la gravité, de l'âge !
Le sommet du crâne correspond au 7e chakra, le lieu de connexion et de prise de conscience du divin en nous. Allez-y *piano* !

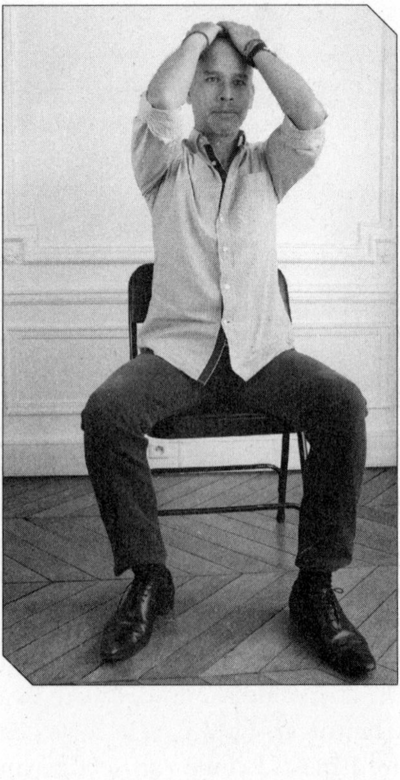

3. Posez la main gauche, puis la main droite sur les yeux.

Portez l'attention sur les yeux, le front et les mains.
Envoyez un sourire sous les mains.
Cela agit sur le 6e chakra, qui se trouve entre les sourcils, et le 6e bis, localisé sur le front. Ces chakras correspondent au cerveau antérieur de contrôle des comportements et à la glande pituitaire*. Cette position renforce et purifie la vue. La main sur le front détend tout le corps, en particulier la base du crâne, les premières cervicales et la zone sacro-lombaire.

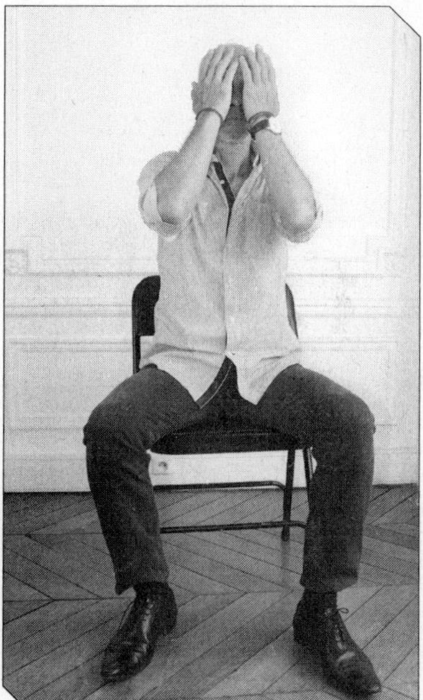

4. Posez une main sur la gorge et la thyroïde, l'autre au centre de la poitrine.

Portez l'attention sur la gorge et la poitrine.
Envoyez un sourire sous les mains.
La poitrine correspond au 4e chakra, le chakra cardio-pulmonaire, qui concerne aussi le thymus. La gorge correspond au 5e chakra. La main sur la gorge l'autre sur la poitrine détendent et soulagent la jonction cervico-dorsale et la zone dorsale entre les omoplates.

5. Posez la main gauche sur l'estomac, la main droite sur le bas-ventre.

Portez l'attention sur l'estomac et le bas-ventre.
Envoyez un sourire sous les mains.
L'estomac est le 3e chakra, qui correspond au plexus solaire* et agit sur le système digestif. Le bas-ventre est le 2e chakra, lié au centre de l'énergie et à la sexualité. Cette position soulage les indigestions, les gonflements, les ballonnements, les aigreurs d'estomac, les nausées, le diabète… et les douleurs du bas-ventre et des règles.

6. Posez la main au niveau de l'entrejambe pour les hommes, ou sur les plis de l'aine pour les femmes.

Portez l'attention sur l'aine ou l'entrejambe.
Envoyez un sourire sous les mains.
Le 1er chakra correspond au le périnée* et aux organes uro-génitaux. Pour les hommes, posez les mains l'une sur l'autre entre les cuisses. Ou bien une main reste sur le bas-ventre, l'autre main se place entre les cuisses.
L'action de cette position complète les effets de la précédente.

7. Frottez-vous les mains. Harmonisez l'aura*.

☞ LE CONSEIL EN PLUS

Vous n'avez pas à vous poser toutes sortes de questions. Cela est inutile, et même négatif. Soyez calme et détendu. Faites confiance et tout se fait librement, de manière fluide. Ne vous préoccupez pas de savoir si vous avez bien fait ou pas, si vous avez posé les mains aux bons endroits ou dans l'ordre. Cela n'a en fait aucune importance. Et cela pour deux raisons.

1. Parce que le Reiki se répand partout.
2. Parce que c'est la paix mentale qui nous intéresse le plus. La paix de l'esprit est la condition nécessaire et l'origine de toute guérison. C'est notre but.

L'énergie Reiki fait ce qu'elle a à faire. Vous ne vous posez pas de question pour savoir comment se fait la cicatrisation d'une plaie. Le corps se guérit de lui-même.

Nous recherchons aussi le calme et la détente. Laissons notre mental se reposer. Plus il se repose, moins on réfléchit, moins on gêne le processus de la transformation.

L'harmonisation rapide

Vous êtes au travail, chez des amis, une personne ne se sent pas bien ou est fatiguée : vous pouvez pratiquer sur elle ce que l'on appelle l'harmonisation rapide. Vous posez les mains aux endroits indiqués, et vous les laissez en place une minute à chaque fois. Les mains stimulent les chakras des épaules, des genoux, des chevilles en plus des chakras antérieurs et postérieurs du corps.

1. Faites asseoir la personne sur le bord d'une chaise.

Son dos ne touche pas le dossier, sauf si elle est fatiguée. Ses pieds sont écartés, bien à plat.

2. Harmonisez l'aura*.

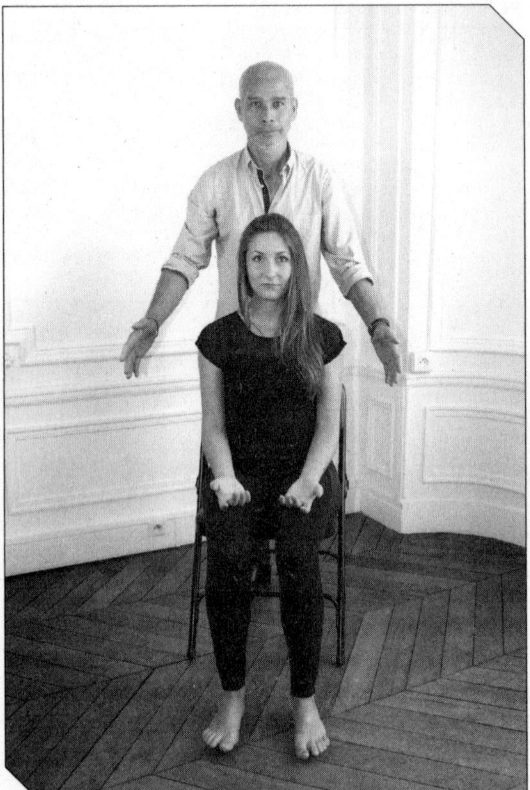

3. Placez-vous derrière la personne.

Vos mains empaument les pointes de ses épaules (pour empêcher l'énergie de fuir, elle le fait souvent par les épaules). Vous pouvez ressentir un grand flux traverser vos mains : le vide de l'épaule aspire le *qi* de l'Univers.

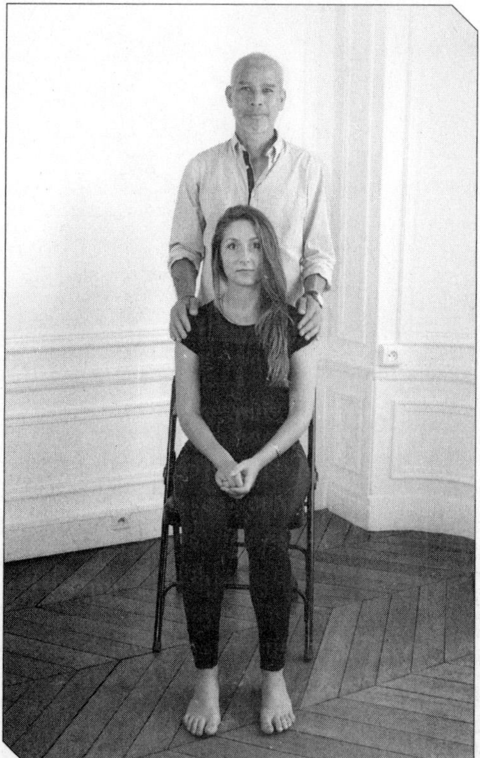

4. Posez vos mains l'une après l'autre sur sa tête, couvrant le chakra coronal (7e chakra).

Pensez à ne pas appuyer, laissez vos mains à 1 cm ou juste au contact des cheveux. Comme cela, la personne sait que vos mains sont sur sa tête.

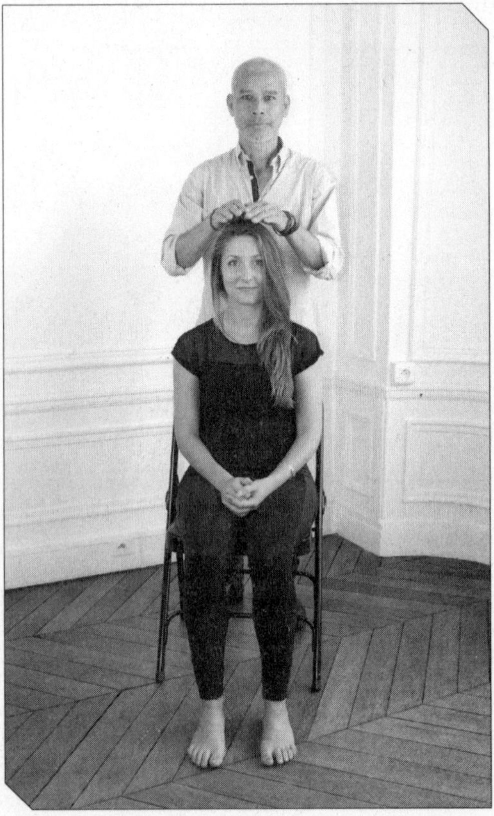

5. Placez-vous sur le côté, une main sur son occiput, l'autre sur son front (6e chakra).

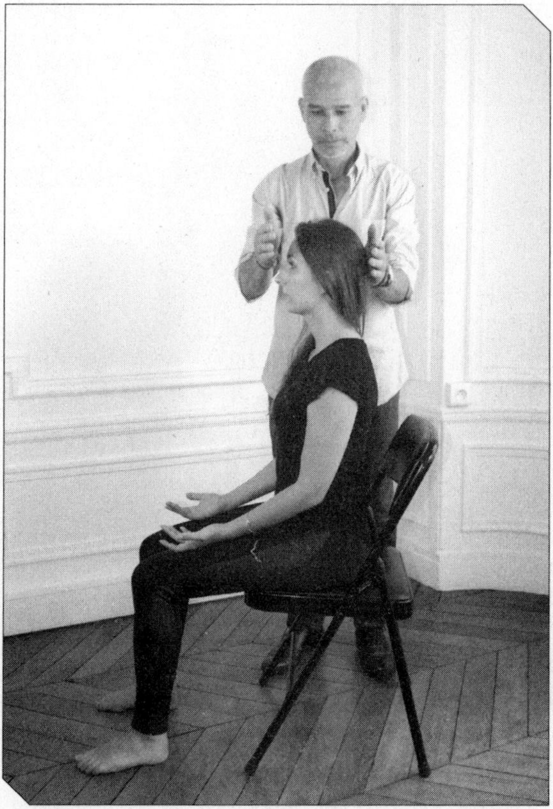

6. Posez une main sur sa septième cervicale en arrière, l'autre main devant sa gorge et le creux sus-sternal (5e chakra).

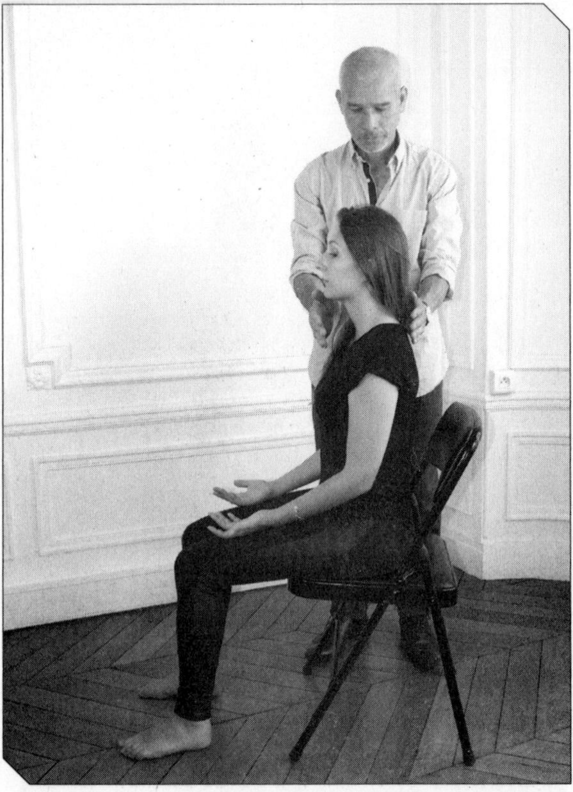

7. Posez une main sur le milieu de la poitrine, l'autre main à la même hauteur entre ses omoplates (4e chakra).

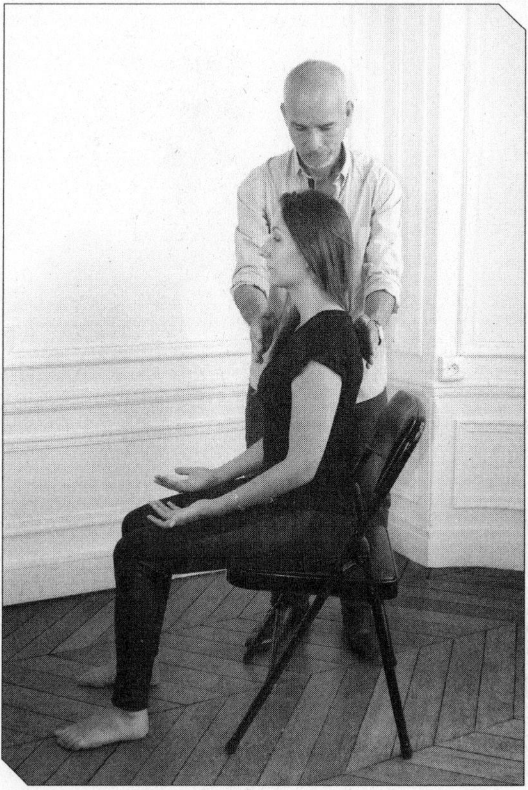

8. Posez une main sur son plexus solaire*, l'autre main sur sa colonne au niveau des dernières côtes (3e chakra).

9. Posez une main sur son bas-ventre, l'autre main sur sa colonne au niveau de la taille (2e chakra).

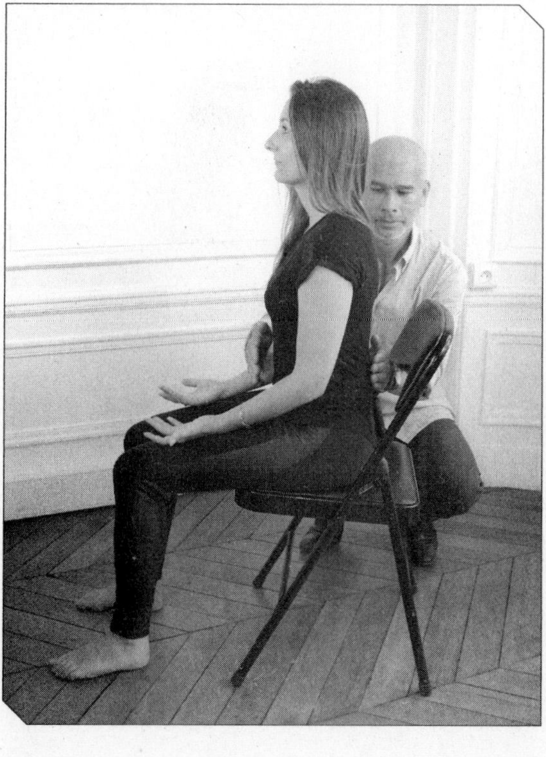

10. Posez une main sur la chaise au niveau de la pointe du coccyx, et l'autre main au niveau de l'entrejambe (1er chakra).

11. Posez vos mains sur ses genoux.

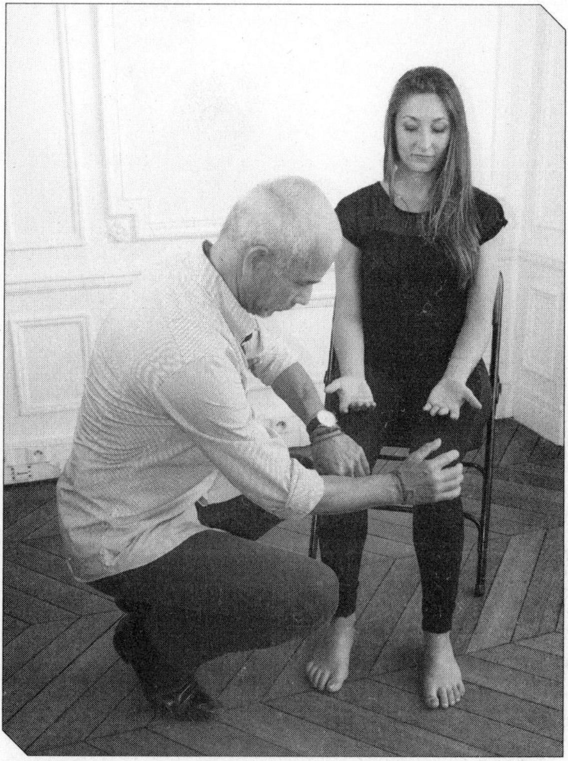

12. Posez vos mains autour de ses chevilles.

13. Frottez-vous les mains. Harmonisez l'aura*.

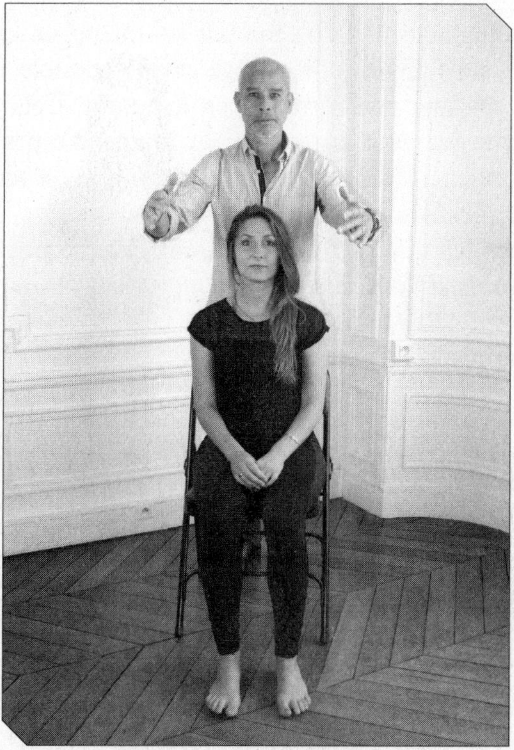

L'équilibrage des chakras

Ce traitement peut être fait sur soi-même, en cas de stress, de fatigue… Il est également possible de le faire sur une personne qui en a besoin. Cela peut être une variante du traitement rapide. Le principe est d'amener l'énergie vers le centre, afin de renforcer le plexus solaire*.
Gardez les mains 5 minutes pour chaque position, ou moins si vous le souhaitez.

1. Harmonisez l'aura*.

2. Posez la main gauche sur le front, la main droite au niveau du sexe.

3. Déplacez la main gauche sur la gorge, la main droite sur le bas-ventre.

4. Posez la main gauche sur le chakra du cœur et la main droite sur le plexus solaire*.

Les variantes

- Vous pouvez faire monter l'énergie (le *qi*) en gardant la main gauche sur le front et en déplaçant la main droite du chakra de base vers celui de la gorge. C'est bénéfique quand vous êtes fatigué ou si la personne l'est. Vous pouvez compléter par une friction énergique de tout le corps, en remontant sur le bas-ventre et les lombes, sur le plexus et la zone vertébrale des basses côtes, la poitrine, et la zone entre les omoplates et la charnière cervico-dorsale, puis le cuir chevelu et le sommet de la tête.
- Vous pouvez aussi, à l'inverse, faire descendre le *qi* en gardant la main droite sur le chakra de base et en déplaçant la main gauche du front vers le deuxième chakra. C'est une bonne façon de vous calmer, si vous êtes trop excité. Vous pouvez compléter par une série de 10 expirations profondes, tout en lissant votre corps avec les deux mains de la tête vers les pieds.

Le traitement global de base

Le traitement global de base est un ensemble plus complet de positions des mains (par rapport à l'auto-traitement) pour une séance plus longue et une action plus globale qui renforce et détend tout le corps.
Ce traitement global est donné par le praticien Reiki. Vous pouvez aussi le pratiquer sur une personne.

Ce traitement est dit « de base », car ce n'est qu'un exemple de positions des mains pour commencer le Reiki. Vous pouvez ajouter d'autres positions ou en supprimer.

Les conseils pratiques avant de commencer

- Pour donner le Reiki, choisissez un endroit tranquille. Décrochez le téléphone. Créez une atmosphère calme et détendue. Beaucoup de personnes aiment la musique douce, mais d'autres peuvent préférer le silence. La salle doit être bien chauffée.
- La personne reste habillée. Le Reiki passe à travers les habits, les bandages, les résines, les attelles… Si elle a froid, couvrez-la. Enlevez les chaussures de la personne, défaites sa ceinture et desserrez son pantalon.
- Le traitement global de base se pratique allongé. Installez la personne confortablement, un coussin sous la tête et éventuellement sous les genoux. Elle ne doit croiser ni les bras ni les jambes pour être dans une attitude ouverte, d'accueil, de réception. Si la table est large, demandez à la personne de se rapprocher du bord.
- Lavez-vous les mains avant et après le traitement.
- Expliquez ce que vous allez faire. Parlez à la personne de ce qui peut se passer pendant la séance. Voyez avec la personne les points particuliers de la séance. La confiance est de règle.

- En toutes circonstances, faites un traitement complet, en restant 3 minutes sur chaque position. Terminez sur la zone souffrante en y restant plus longtemps, environ 5 à 15 minutes ou plus si nécessaire. C'est vous qui décidez.
- En cas d'urgence, vous pouvez poser vos mains uniquement sur la zone douloureuse pendant 15 à 20 minutes ou jusqu'à diminution/cessation de la douleur.
- Préparez-vous au traitement : avant chaque séance, retirez-vous au calme pour méditer quelques minutes ; ou bien méditez avec la personne sur laquelle vous allez pratiquer. Ayez des pensées positives. Développez le sourire intérieur.
- L'expérience montre que l'harmonie revient vite si l'on fait une série de quatre séances. Dans l'idéal, faites une séance par semaine. Certains problèmes chroniques exigent un suivi à plus long terme.
- Si vous ne ressentez pas de la chaleur dans les mains, soyez sans inquiétude. Le Reiki passe quand même.
- Vous pouvez travailler avec les mains en contact ou à distance. Posez vos mains sans appuyer, surtout sur la tête. Déplacez vos mains l'une main après l'autre pour garder le contact.

La bonne attitude pour une séance réussie

L'attitude du pratiquant Reiki est importante. Une bonne attitude permet d'augmenter son énergie pendant le soin.

Avant l'harmonisation :

- Debout ou assis, les mains devant la poitrine ou les bras le long du corps un peu écartés, paumes en avant, ou les deux mains sur les cuisses paumes vers le haut si vous êtes assis.
- Faites le « sourire du Bouddha » (vous avez sûrement déjà vu une statue de Bouddha. Tout le monde connaît son sourire. Aussi mystérieux que celui de *la Joconde*... Essayez de sourire à la manière du Bouddha, avec cette espèce de sérénité qui se dégage de lui).
- Respirez calmement et profondément, en détendant tout votre corps.
- Souriez à vos mains. Elles sont dans un halo de lumière blanche, dorée ou verte.
- Frottez-vous fortement les mains.

Pendant l'harmonisation :

- Soyez détendu dans votre tête et dans votre corps, pour pouvoir être debout ou assis longtemps sans vous fatiguer.
- À chaque respiration, dites-vous : je me détends. Plus vous vous détendez, plus l'énergie passe facilement. Plus vous êtes calme, plus vous vous détendez.
- Ne pensez à rien, restez neutre. Seule l'énergie Reiki agit. Pas de pensées parasites. Ayez

→

une confiance infinie en l'énergie Reiki. Cette confiance augmente au fur et à mesure des séances, au fur et à mesure des bons résultats obtenus.

Que vous pratiquiez debout ou assis, vous devez veiller à :

- serrer le périnée ;
- rouler votre bassin en arrière, et redresser le bas du dos ;
- creuser le dos au niveau des basses côtes ou au niveau du soutien-gorge ;
- rentrer le menton, la langue touchant le palais ;
- détendre tout votre corps à chaque expiration ;
- sourire constamment à tout votre corps ;
- vous visualiser dans une boule de lumière ;
- avoir une gratitude infinie envers la Vie, l'énergie de l'Univers, l'énergie Reiki, Dieu ;
- écouter sans juger. Acceptez chaque personne telle qu'elle est. Voyez Dieu, la Vie dans chaque être ;
- envoyer toujours de la lumière blanche avec un sourire plein d'amour et de compassion.

Les postures en qi gong

Le praticien peut profiter de ce temps du soin pour pratiquer la posture debout ou assise en qi gong, pour augmenter son potentiel énergétique et augmenter sa connexion avec l'Univers, avec l'énergie Reiki.

Le qi gong* libère la circulation du *qi* et sa pratique associe mouvements, conscience du souffle et concentration.

La posture debout

- Soyez bien stable sur vos pieds.
- Pliez légèrement les genoux.
- Serrez le périnée.
- Redressez le bas du dos.
- Ouvrez la poitrine
- Baissez les épaules
- Votre regard est horizontal.
- À chaque expiration, détendez tout votre corps.

→

La posture « assise » ou posture du cavalier de fer

- Les jambes sont écartées plus largement que le bassin.
- Soyez équilibré et stable sur vos pieds.
- Les genoux sont bien pliés, le bassin au-dessus des genoux.
- Serrez le périnée.
- Redressez le bas du dos.
- Baissez les épaules.
- Gonflez la poitrine.
- Votre regard est horizontal.
- Détendez tout votre corps.

Ces deux positions permettent au *qi* de bien circuler dans le corps, amènent la détente et le relâchement musculaire, soulagent et protègent la zone lombo-sacrée et renforcent les membres inférieurs. Ce qui autorise une souplesse des membres supérieurs pour que le *qi* arrive bien aux mains.

Le déroulement de la séance

1. Harmonisez l'aura trois fois vers le bas.

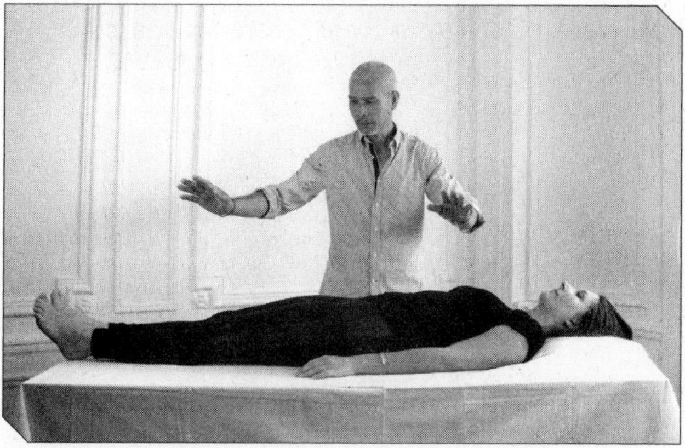

2. Asseyez-vous. Posez vos paumes sur les yeux.

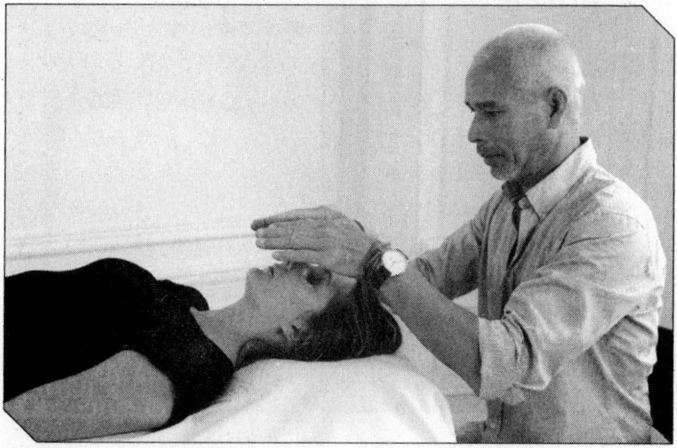

3. Glissez les mains sur le côté jusqu'aux tempes.

Les pouces se touchent si vous avez de grandes mains ou sont écartés, dirigés vers le troisième œil (symboliquement placé sur le front, entre les sourcils).

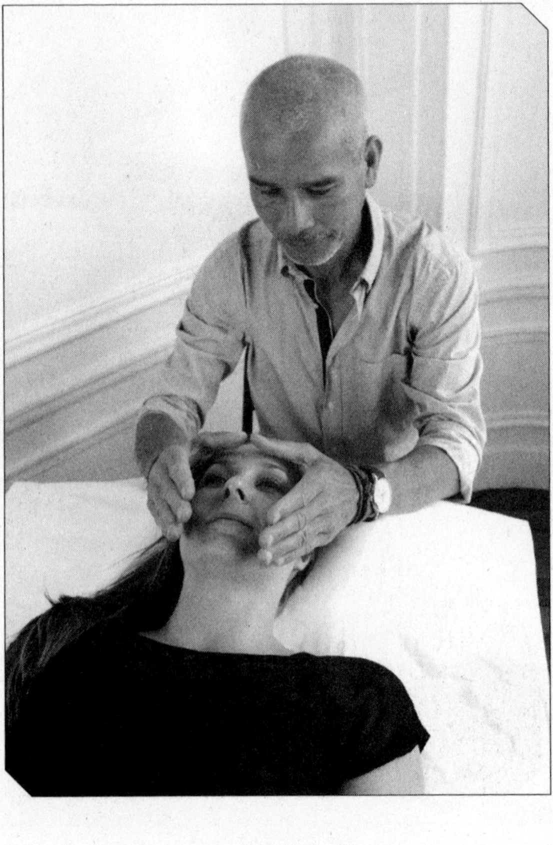

4. Glissez les mains jusqu'à mettre les paumes sur les oreilles, les doigts en direction du menton pour prendre la mâchoire.

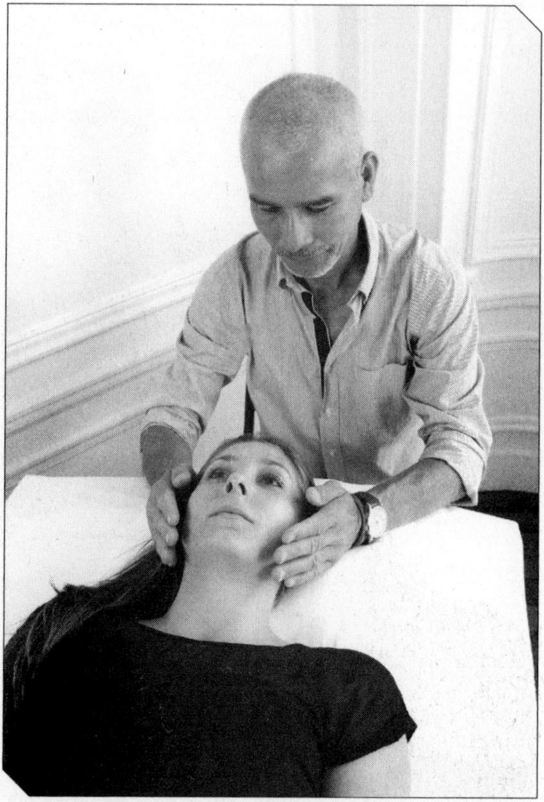

5. Tournez la tête sur un côté, placez la main sous l'occiput. Tournez la tête de l'autre côté, placez l'autre main sous la tête.

Les mains sont en coupe, les auriculaires se touchent. Les extrémités des doigts sont sur les muscles à la base du crâne.

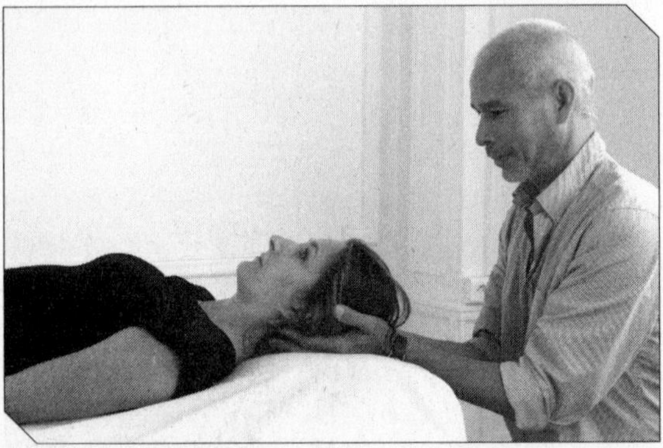

6. Retirez une main après l'autre. Placez les mains se touchant au niveau du sommet de la tête.

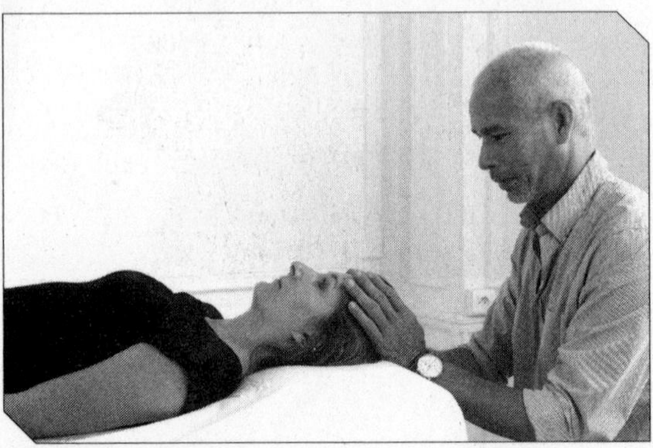

7. Posez une main après l'autre sur les clavicules, les petits doigts se reposent sur les clavicules.

Les paumes des mains sont tournées vers la thyroïde.

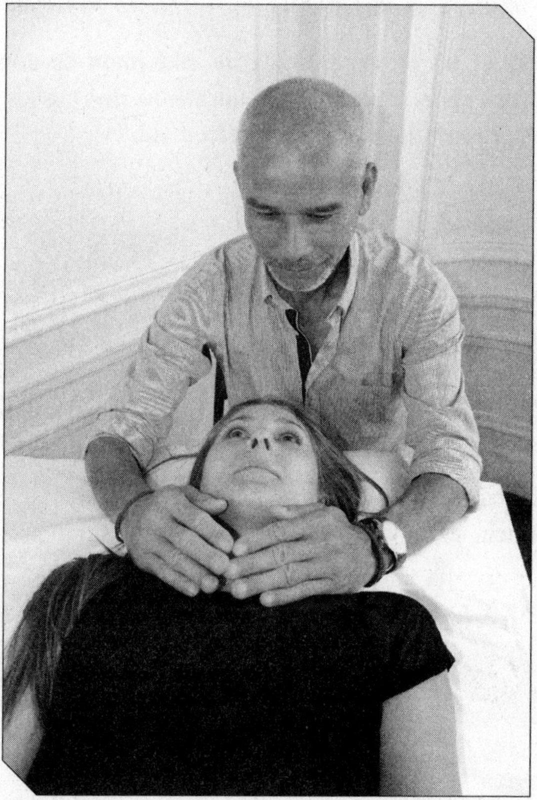

☞ LE CONSEIL EN PLUS

Sur la tête, le contact des mains doit être doux et léger. Surtout, n'appuyez pas. Vous pouvez garder les mains à distance si vous voulez.

8. Placez les mains côte à côte, une main au-dessus d'un des seins, l'autre main au-dessus des basses côtes. Faites de même de l'autre côté.

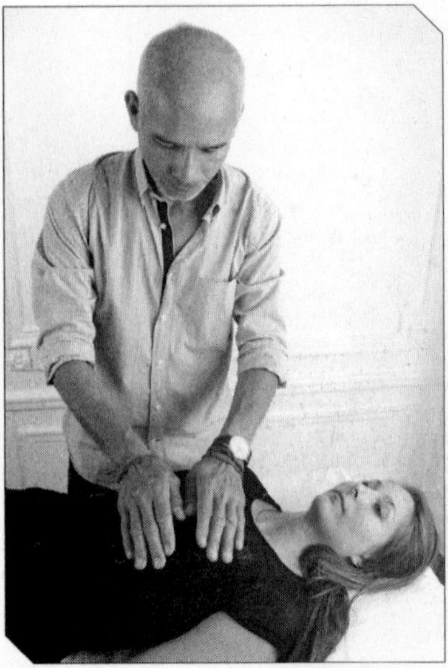

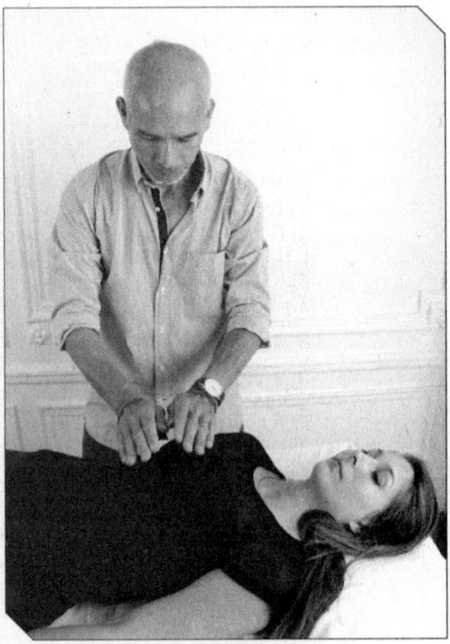

9. Déplacez une main sur le bas-ventre, l'autre main sur l'estomac.

Les mains sont de part et d'autre de l'ombilic.

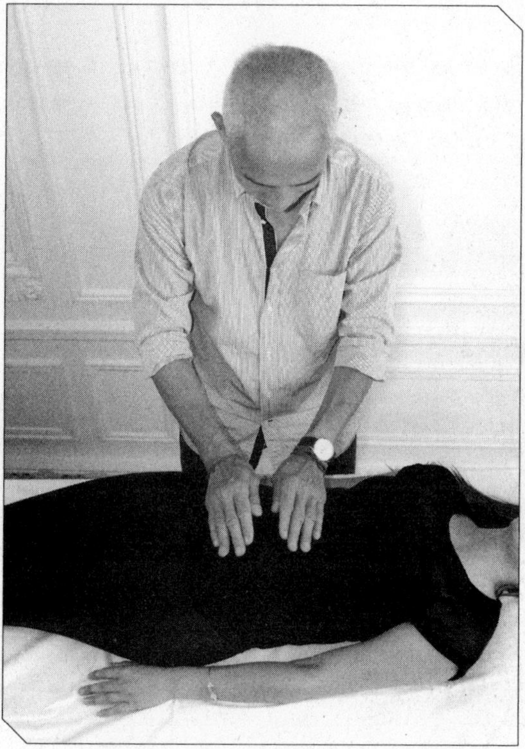

10. Mettez les mains en V au niveau des plis de l'aine.

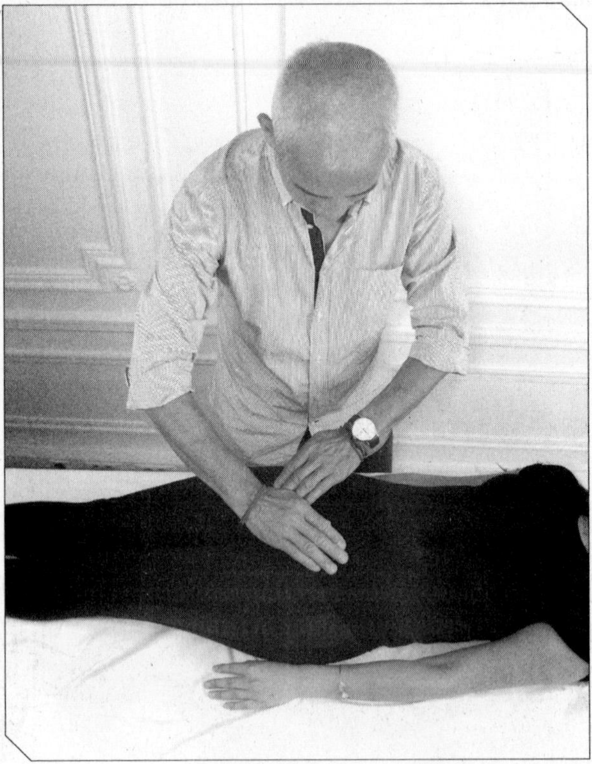

11. Placez les mains en T sur la poitrine.

Les bouts des doigts d'une main sont sous l'autre main.

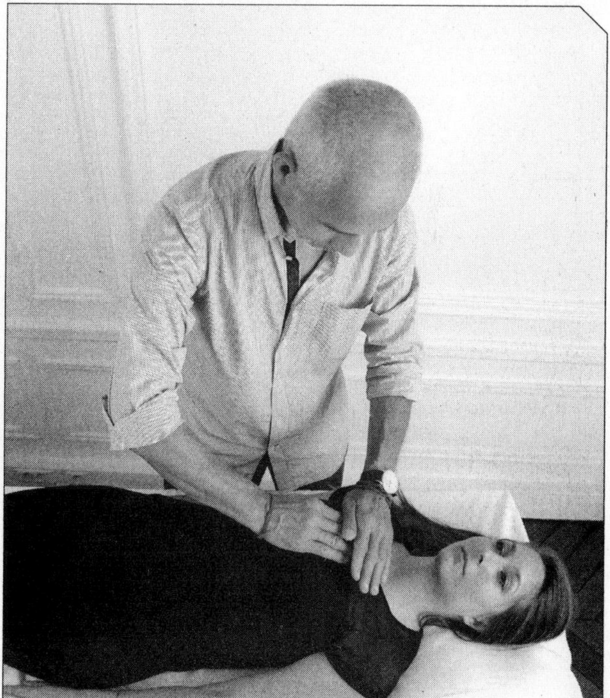

12. Déplacez une main après l'autre sur les rotules.

13. Enserrez les chevilles.

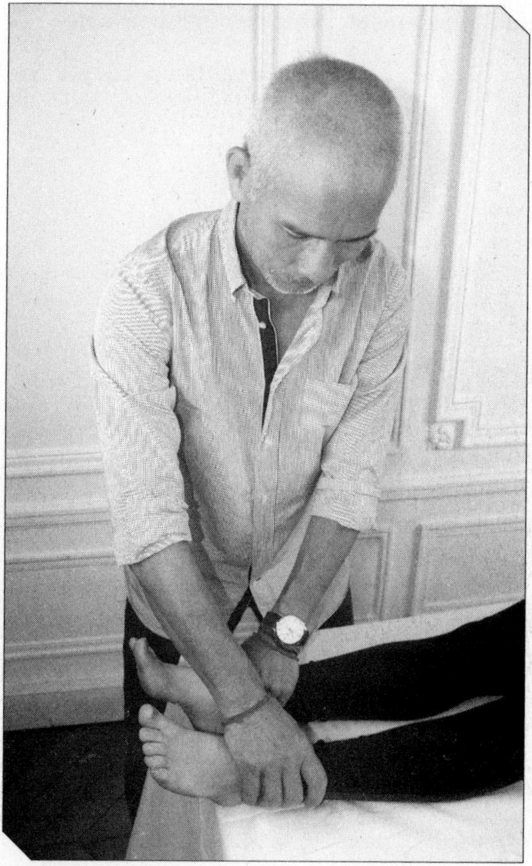

14. Pour les femmes, posez les mains à l'intérieur des cuisses juste au-dessus des genoux. Pour les hommes, également, mais pas indispensable.

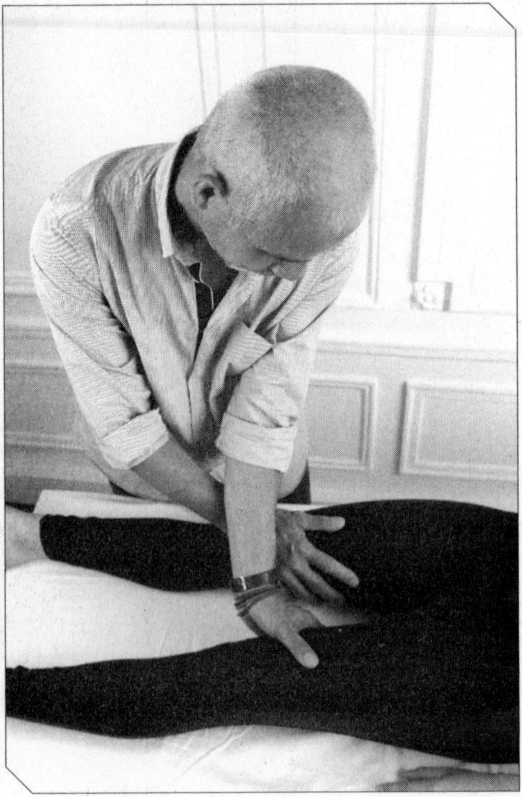

15. Posez les deux mains de part et d'autre de l'épine de l'omoplate.

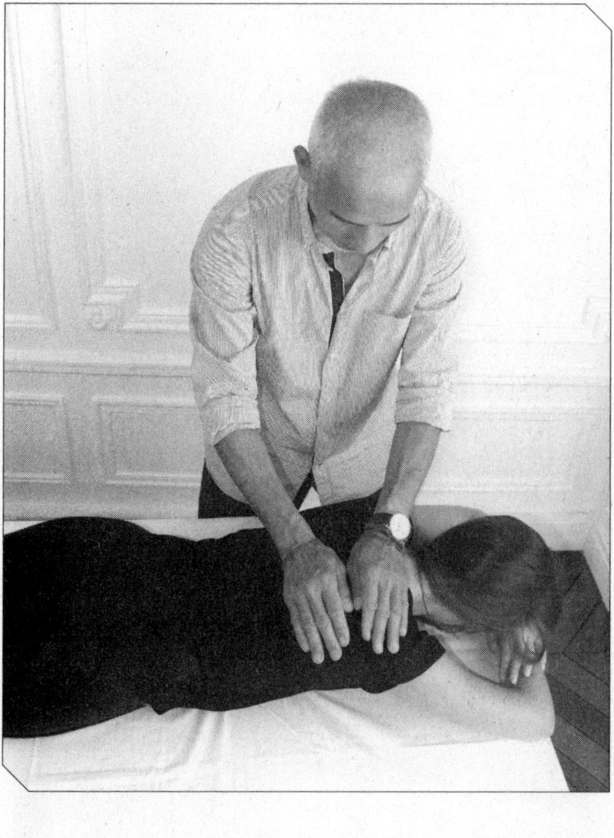

16. Posez une main après l'autre sur l'autre omoplate.

Vous pouvez commencer par le côté que vous désirez.

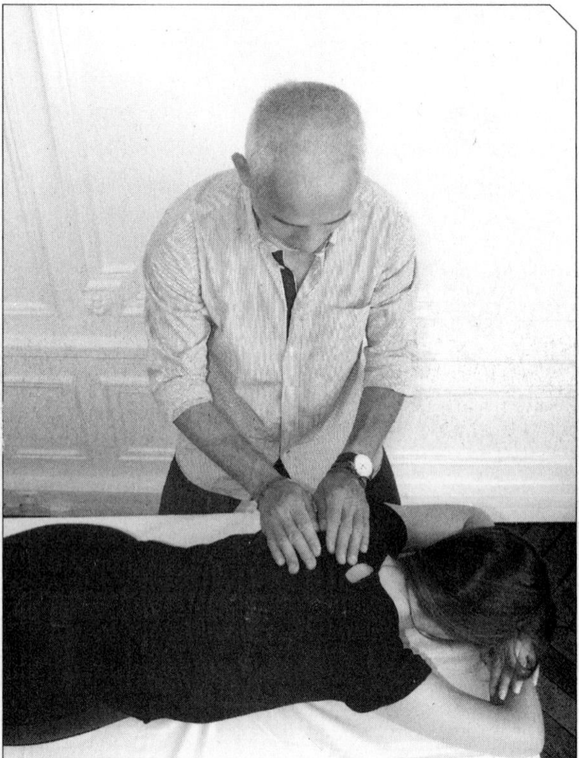

17. Posez la main placée du côté des pieds sur les dernières côtes à la limite de la taille, sur le côté droit de la personne. Posez ensuite l'autre main à côté. Faites la même chose du côté gauche de la personne.

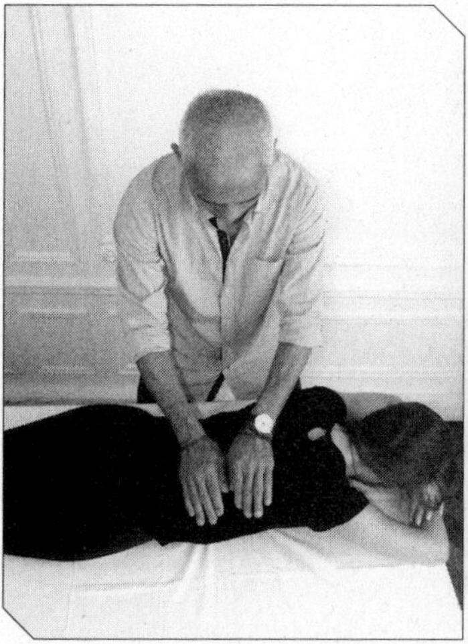
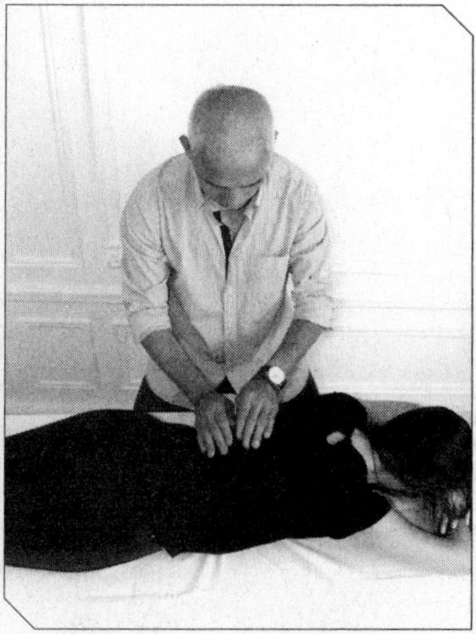

18. Levez la main du côté de la tête, posez-la sur le bassin à la limite de la taille, sur le même côté du corps. Posez ensuite l'autre main à côté sur la fesse. Faites de même de l'autre côté du bassin.

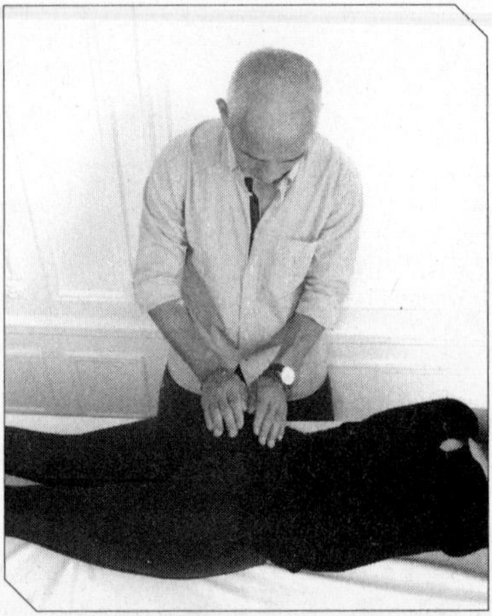

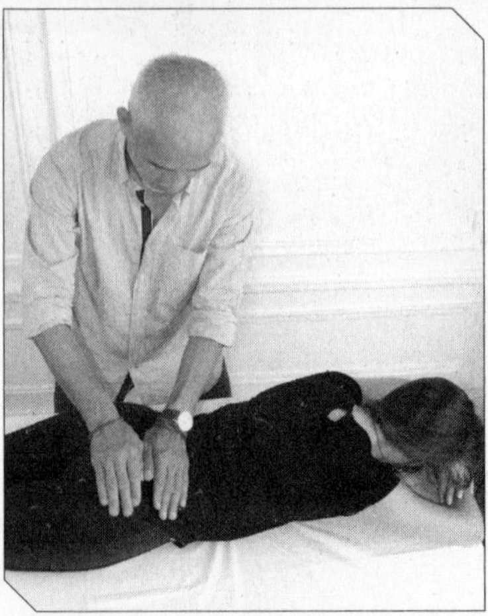

19. Disposez les mains en T sur le sacrum. Posez la main vers les pieds sur le sacrum et sur le coccyx (assez bas) ; les doigts vers la tête. Ensuite, posez l'autre main par-dessus les doigts. Les mains forment un T.

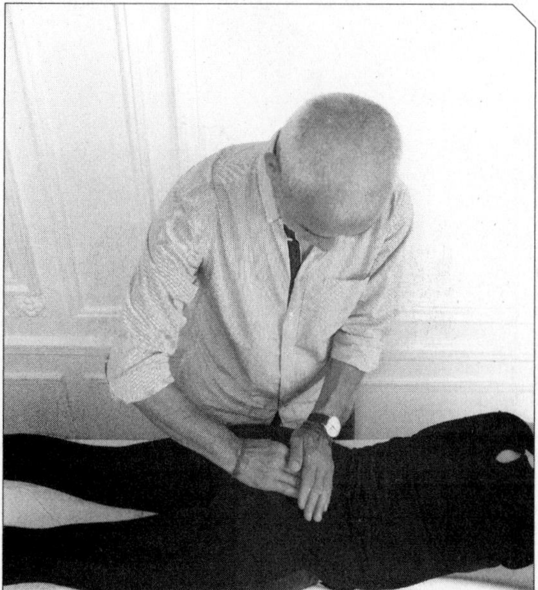

20. Déplacez la main supérieure sur la bosse à la jonction de la nuque et du dos. Placez l'autre main sur la jonction des lombaires et du sacrum.

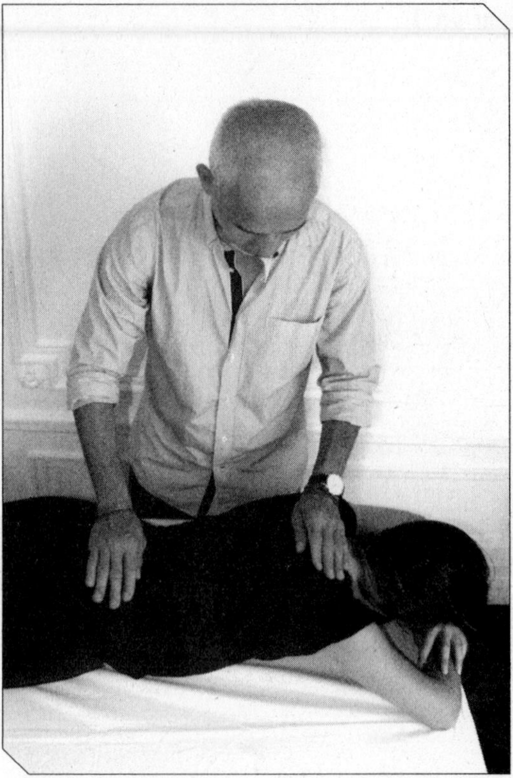

21. Puis, une main après l'autre, posez les mains sur les creux des genoux.

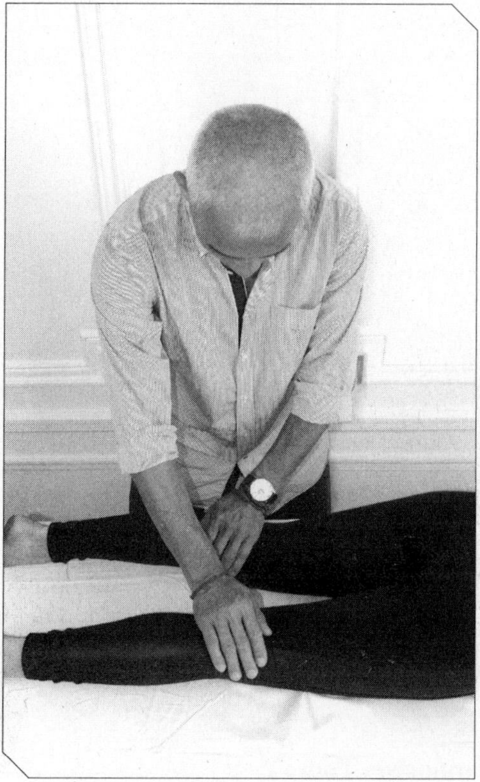

22. Puis, toujours une main après l'autre, posez les mains sur la plante des pieds.

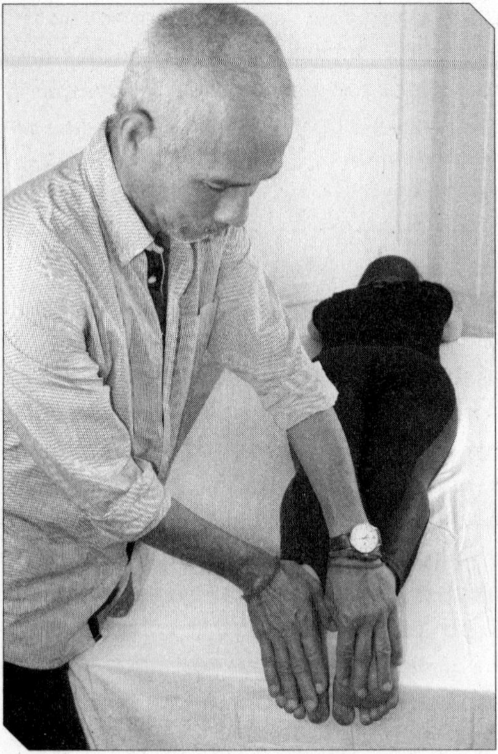

23. Harmonisez l'aura*.

BONUS VIDÉO

Découvrez la vidéo du déroulement du traitement global (voir p. 2).

Quelques conseils importants à retenir

- Le Reiki ne fait jamais de mal. L'énergie Reiki est une énergie de Vie, de guérison, de transformation. Elle purifie. En même temps, elle protège chaque individu dès qu'il en est rempli. L'énergie Reiki vous protège des énergies perverses des personnes dont nous nous occupons pendant le soin. Si vous êtes trop empathique avec la personne en soin, vous risquez d'être perméable aux énergies de cette personne.
- Si vous ne voulez pas donner vos énergies négatives, vous devez rester neutre. Vous éviterez ainsi de propager vos pensées négatives.
- Si vous savez garder le sourire intérieur, l'énergie transmise sera encore plus lumineuse et efficace. Le sourire est une grande énergie de guérison.
- Soyez confiant et sûr de vous. Vous ne faites pas de diagnostic, ni de pronostic. Vous ne cherchez pas à guérir une maladie, ni à soulager une douleur particulière. Vous savez que la personne souffre parce que ses énergies sont perturbées. À l'extrême, vous ne voulez même pas savoir quelle en est la cause. Vous éviterez tout stress de la recherche de résultat.

Vous savez que l'énergie Reiki va faire le nécessaire pour rétablir la circulation du *qi* et ramener l'état de bien-être. Vous savez que vous êtes un pont entre l'énergie Reiki et la personne qui la reçoit.

- Ne vous limitez pas à ce que vous avez appris, avec le temps laissez votre inspiration, votre cœur s'exprimer…
- L'harmonisation d'une personne ayant une maladie chronique peut amener un état aigu avant de disparaître. Ce qui reste rarissime.
  RAPPEL : Ne conseillez pas d'interrompre un traitement médical, on pourrait vous le reprocher.
- Ayez de la gratitude en la personne qui vient demander votre aide. Elle et vous, ensemble, jouez le jeu de la Vie, le jeu de l'aide, du soutien, de l'amour altruiste.
- À la fin de chaque soin, voyez la personne en pleine forme, dans la joie et la légèreté.

Partie 3

LE 2e DEGRÉ : LES 3 SYMBOLES

Le 2e degré vous ouvre une porte vers l'extraordinaire, vers une autre dimension. Il va vous permettre de vivre dans deux mondes à la fois, comme les chamans* qui, la nuit, travaillent dans le monde subtil invisible et, le jour, vont travailler dans les champs. Tout naturellement sans plus de transition. Quelle chance vous aurez de pouvoir vivre dans deux mondes. Vous ne risquez pas de vous ennuyer ! Dans le monde de la matière, tout se fait lentement, difficilement, en déployant beaucoup d'efforts, les choses s'obtenant à la sueur de son front, parfois douloureusement et, malheureusement pour certains, dans le sang. **Le monde de la matière est lié au temps et à l'espace. Justement, grâce au Reiki, on peut s'en évader. Dans le subtil monde de l'esprit, tout se réalise quasi instantanément.**

Nous avons fait beaucoup de rêves lorsque nous étions jeunes, la plupart d'entre nous avaient le désir de sauver le monde ! Nous avons joué aux super-héros. Nous étions des rois, des reines, des princes ou des princesses. Forcément, en grandissant, nous voulons toujours aider autrui. **Avec le 2e degré, nous prenons pleinement conscience de la force de l'esprit. Nous prenons conscience que tout vient ou naît de l'esprit.**

Nous pensons, nous émettons des idées, nous avons des projets. Nous réalisons des plans. Nous créons les événements. Nous sommes conscients des conséquences de nos actions et de nos responsabilités. Nous sommes conscients qu'il y a des causes et des effets. Nous ne pouvons faire n'importe quoi, ni n'importe comment. Il y a des lois dans le monde invisible de l'énergie. Nous prenons conscience que comme une certaine héroïne, nous construisons le jour et nous détruisons ce que nous avons fait la nuit. C'est pour cela que nos actions ne se concrétisent pas ! Nous désirons quelque chose mais au fond de nous, nous n'y croyons pas vraiment. Le cœur n'y est pas ! Nous hésitons, nous faisons les choses timidement, puis nous abandonnons.

C'est par la pratique au quotidien que nous confirmerons la véracité des effets du Reiki. Plus nous pratiquerons, plus les résultats seront là, plus notre confiance en le Reiki se renforcera.

À notre plus grande joie ! Avec le temps, le monde subtil deviendra un deuxième monde aussi vrai que le monde de matière. Tout se fait alors sans effort. En fait, on fera autant de choses, sinon plus, mais dans la confiance et la légèreté, donc dans la facilité naturelle.

Le 1er degré vous a préparé à l'impossible. Avec le 2e degré, l'impossible devient possible à chaque instant. Avec le Reiki, vous entrez dans un nouveau rêve éveillé. Il faut rêver de tout ça, il faut avoir envie de faire des miracles qui n'en seront plus quand vous connaîtrez les lois de l'énergie. En fait, il faut toujours rêver pour réussir et rêver quelque chose de grand.

Êtes-vous prêt à abandonner certaines choses ? Êtes-vous prêt à abandonner vos vieilles habitudes, vos routines, vos excuses, vos « oui mais », vos « peut-être », vos « si » ? On ne peut remplir un verre plein.

1 Le premier symbole - pouvoir

Vous avez fait le 1er degré, vous étiez plutôt sceptique au début. Vous ne compreniez pas trop comment fonctionnait l'énergie Reiki, mais vous avez rencontré plusieurs pratiquants enthousiastes. Vous avez reçu le Reiki, vous avez ressenti un bien-être. Vous vous êtes dit : « pourquoi pas moi, pourquoi n'essaierais-je pas ? Je pourrais peut-être faire aussi bien ». Vous voilà sur le chemin. Tout est parfait. « Savoir et ne pas faire, ce n'est pas savoir ! »

Le 2e degré nous offre trois symboles, que nous appellerons le 1er symbole, le 2e symbole, le 3e symbole par commodité et pour ne pas dévoiler tout de suite leurs noms. Oui, il y a des secrets, pas pour avoir du pouvoir sur les autres, ni pour être supérieurs ni pour cacher des connaissances, simplement parce que trop dévoiler fait perdre de l'énergie.

Les symboles sont des figures géométriques ou des tracés qui sont en général en relation avec une formule mathématique préexistante dans le monde invisible, ou monde quantique. Ces symboles émettent

des vibrations particulières. Ces symboles sont des ondes de forme. On peut facilement mesurer leurs niveaux vibratoires. Ce qui permet de connaître la puissance de leurs actions. En général, les ondes de forme potentialisent les effets des produits ou des objets mis à leur contact.
Il existe de nombreux symboles qui sont utilisés dans les différentes traditions depuis la nuit des temps. Les symboles se perdent quand une tradition, une culture disparaît ou s'éteint. Ces symboles réapparaissent quand ces traditions ressurgissent. C'est cyclique. Le Reiki a existé il y a très longtemps en Chine, sûrement sous un nom différent. Cette technique originelle a été chassée de Chine et s'est répandue à travers l'Asie, au Tibet, en Inde, au Japon. Puis Maître Usui est arrivé !

Le premier symbole : « Que toute l'énergie de l'univers vienne en ce point »

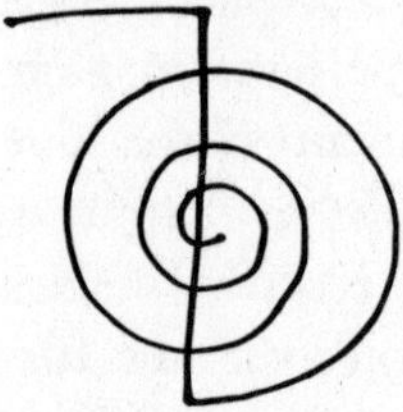

Son nom : *CHO KU REI*

En japonais,
CHO, c'est le sabre
KU signifie pénétrer
REI désigne l'esprit, le spirituel.

Ce symbole illustre le pouvoir de l'esprit, qui pénètre et tranche tel le sabre à travers le mur de l'ignorance. Le 1er symbole a trois fonctions principales :

- Il active et augmente l'énergie
- Il nettoie et purifie
- Il permet de débloquer l'énergie

Le 1er symbole est un symbole de feu, celui qui sert à faire descendre l'énergie de lumière du Reiki dans la matière. Vous pouvez ressentir de la chaleur sous les mains. Il a aussi un effet laser : il permet d'aller très en profondeur et de dénouer fortement les blocages.

En pratique :

- Que ce soit lors de l'auto-traitement, du traitement rapide ou de l'équilibrage des chakras vus lors du 1er degré (p. 122), vous pouvez utiliser le 1er symbole. Dessinez-le sur chaque partie du corps avant de poser la main, en veillant à mettre le centre de la paume sur le chakra. Il permet d'amener l'énergie immédiatement et de rester moins longtemps sur chaque position.
- Si vous déplacez votre main, vous devez redessiner le premier symbole. Vous devez également le redessiner si vous avez enlevé votre main et que vous voulez la reposer au même endroit.
- De même, si quelqu'un a mal quelque part, par exemple au genou, vous dessinez le 1er symbole sur le genou avant de poser la main. Restez entre 5 et 20 minutes en fonction de la gravité jusqu'à

ce que la douleur disparaisse ou qu'elle soit bien diminuée.

- N'oubliez pas d'appeler son nom trois fois après l'avoir dessiné pour l'activer.

Le premier symbole active et augmente l'énergie

Pour « énergétiser » toutes les choses

Vous pouvez faire ce symbole sur les choses de votre entourage, auxquelles vous souhaitez apporter de l'énergie. Il y a toujours une plante verte qui présente des signes de faiblesse, un animal ayant besoin d'être dynamisé… Vous pouvez aussi faire ce symbole au-dessus de votre assiette pour vitaliser la nourriture au moment du repas. Par les temps qui courent, c'est une aubaine, étant donné la qualité des produits et des traitements qu'ils ont reçus. Vous pouvez aussi apporter de l'énergie à l'eau avant de la boire au moment des repas et à tout moment de la journée également. On dit que l'eau en bouteille est morte, et que l'eau du robinet est bonne à boire. Il y a trop de calcaire dans l'eau de certaines villes, sans compter tous les résidus…

Pour dynamiser les personnes

N'attendez pas que vos proches soient malades pour leur donner de l'énergie. Prenez l'habitude de leur donner de l'énergie régulièrement…

- Demandez à la personne de s'allonger sur le canapé ou sur le lit.
- Harmonisez l'aura*.
- Dessinez le 1er symbole sur le sommet de la tête, puis posez vos mains sur tous les chakras.
- Finissez en posant vos mains sur ses rotules, puis ses chevilles.

Vous pouvez faire également le traitement rapide. N'oubliez pas ! Soyez serein. Ce n'est pas vous qui agissez, c'est l'énergie de Vie. Vous ne faites que transmettre l'énergie de vie qui répare le corps et l'esprit.

L'astuce en plus

Les enfants ne tiennent pas en place, alors il est inutile de leur demander de s'allonger pendant un quart d'heure. Vous pouvez faire le Reiki quand ils sont assis, déjà couchés dans leur lit, pendant qu'ils lisent ou qu'ils regardent la télévision. Vous dessinez le 1er symbole sur le sommet de leur tête, posez les mains et attendez 2 à 3 minutes.
Si l'enfant est très fatigué vous pouvez refaire une ou deux séances dans la journée.
Le soir avant de le coucher, au moment du câlin et des bisous, c'est un moment propice pour faire ce rituel.

Témoignages personnels

Une énergie débordante !

Une personne que j'ai initiée au Reiki m'a appelé un jour pour me demander pourquoi elle avait un genre d'eczéma au milieu de la paume. Je lui ai demandé si elle faisait beaucoup de Reiki. Elle m'a répondu affirmativement. Alors, je l'ai rassurée en lui disant que c'était l'énergie Reiki qui en était la cause. Le chakra de la main se trouve au milieu de la paume. L'énergie Reiki en sortant en abondance a « brûlé » sa main, c'est parfois un bon nettoyage du chakra, parfois c'est vraiment un excès de *qi* qui sort ! C'est très positif. D'ailleurs, cette manifestation a disparu quelques semaines après.
Ce cas n'est pas exceptionnel. J'ai rencontré dans le passé une guérisseuse qui souffrait le martyre, car elle avait un genre d'eczéma sur les deux mains. Impossible de guérir, elle avait tout essayé. Elle avait trop d'énergie qui sortait par ses mains. Seul le fait de soigner pouvait calmer ses douleurs.
Je connais un autre guérisseur. Il avait tellement d'énergie qu'il avait du psoriasis sur tout le corps. Parfois, le psoriasis semblait s'estomper, mais il revenait aussi fort qu'avant. Parfois encore, les crises étaient très fortes. Je vous garantis qu'il valait mieux ne pas se « frotter » à lui !

Le premier symbole nettoie et purifie

En tant que symbole de feu, le 1er symbole nettoie et purifie. Par exemple, **vous pouvez purifier et gaver l'eau d'énergie, et augmenter ses vibrations.** Vous dessinez discrètement le symbole au-dessus du verre avant de donner le verre à quelqu'un ou de le boire. Vous pouvez aussi purifier l'eau que vous utilisez pour faire la cuisine, pour arroser les plantes, pour prendre votre bain… Pour ceux qui voyagent beaucoup dans les pays où l'eau n'est pas très saine, ça peut servir. Ce qui n'empêche pas d'ajouter un peu d'argile dans l'eau.

Vous pouvez faire de même avec la nourriture. Pensez à le faire automatiquement à chaque repas ! Vous pouvez purifier les ingrédients au moment de la préparation des repas, dans la marmite, le saladier ou l'assiette. La nourriture sera aussi purifiée des engrais et traitements chimiques. Les aliments se rechargeront en énergie et seront plus nutritifs. Dans les aliments, les vitamines comptent, l'énergie vitale aussi. L'énergie des produits alimentaires est plus importante que la matière de l'aliment. Comment les vitamines peuvent-elles nous faire du bien puisqu'elles sont détruites par l'ébullition ? Cela mérite réflexion…

Pensez à purifier tous les médicaments que vous prenez. Le premier symbole ôtera leur effet négatif et active en même temps leur effet positif. N'oubliez pas les vaccins : vous prenez le vaccin dans une main, vous dessinez le premier symbole par-dessus et vous posez la main dessus. Vous pouvez dessiner aussi le 1er symbole sur le point de piqûre au moment de la vaccination pour éviter les complications.

Vous pouvez aussi purifier et transmettre l'énergie à vos plantes régulièrement, pour qu'elles restent en forme, ou quand elles sont malades, en état de faiblesse. Faites un grand 1er symbole autour de la plante.

Vous pouvez aussi en faire profiter les animaux, en pratiquant régulièrement en prévention, et bien sûr quand ils sont malades. Il suffit de faire un premier symbole sur la tête de l'animal, puis de le caresser de la tête à la queue plusieurs fois. Si votre animal est malade, faites une ou deux séances par jour jusqu'à la guérison. Si au bout de 2 ou 3 jours, il n'y a pas d'amélioration, emmenez-le chez le vétérinaire !

Témoignages personnels

Une petite chatte bien protégée

Paul a une petite chatte de gouttière depuis six mois et la mignonne a ses premières chaleurs pour la première fois. Paul pense qu'il est temps de l'emmener chez le vétérinaire pour une ovariectomie (stérilisation par ablation des ovaires). Parfois, une opération anodine peut tourner au désastre, alors il décide de prendre quelques précautions. Le matin de l'opération, Paul dessine le 2e symbole, puis le 1er sur la tête de sa petite chatte avec l'affirmation :

« Protection pour ma petite chatte Noisette lors de l'opération de stérilisation. Ma petite chatte est en grande forme après l'opération. » Paul n'a même pas dit le lieu de l'opération. Dans l'après-midi, quand Paul a ramené Noisette chez lui, il a fait le 1er symbole sur la tête de sa chatte et l'a caressée de la tête à la queue trois fois. Puis il a dessiné le 1er symbole au niveau de l'opération et il a posé ses mains pendant quelques secondes. Il a fait plusieurs fois des impositions de courte durée. Noisette s'est parfaitement remise de l'opération et elle va très bien.

Quelques mois de gagnés...

Roger a un petit poisson rouge, baptisé Kirikou. Depuis quelques jours, il nage sur le côté ou bien il reste dans un coin, toujours sur le côté, sans réaction. Roger est malheureux de le voir ainsi, malade, et frappe de temps en temps contre la paroi du petit aquarium. Kirikou réagit en frétillant et arrive à se déplacer un peu. Roger sait que les poissons guérissent rarement. Il décide tout de même de soigner son petit compagnon. Il fait quelques passes après avoir dessiné le 1er symbole. Roger imagine qu'ainsi il enlève toute la mauvaise énergie qu'il y avait dans le corps du poisson. Le lendemain, Roger a la bonne surprise de voir son petit Kirikou nageant normalement. Son poisson est resté en vie encore plusieurs mois... À chaque fois qu'il voyait Kirikou se mettre sur le côté, Roger lui faisait un soin. Kirikou, qui était pourtant vaillant, a fini par rendre l'âme lorsque Roger s'est absenté pendant quinze jours pour les vacances.

Vous pouvez nettoyer une pièce des vibrations négatives ou des ondes nocives. En particulier si vous allez à l'hôtel. Certaines maisons ou appartements ont besoin d'être nettoyés. Vous pouvez le faire si vous emménagez dans un nouveau lieu d'habitation, et pourquoi pas quand vous déménagez. C'est plutôt sympathique de laisser une maison propre au moment du départ avec un petit bouquet de fleurs. Celui qui emménage sera content de trouver un lieu sain, lumineux. C'est facile de rendre la vie légère et agréable. C'est peut-être aussi une bonne idée de faire un bon nettoyage avant de mettre en vente votre appartement. Le visiteur appréciera l'ambiance saine et agréable. Ce qui ne vous empêche pas de chercher les causes telluriques et d'utiliser d'autres moyens pour vous en préserver. Vous pouvez également faire appel à un géobiologue. Vous pouvez aussi augmenter l'énergie d'une pièce avec ce même symbole. Faites-le tous les jours, pour augmenter les vibrations de votre lieu de travail ou de votre maison. Vous vous sentirez plus à l'aise, vos amis, vos patients, vos collègues aussi ! Vous vous ferez moins de « mouron ». Finie la noirceur autour de vous, laissez-vous inonder par la lumière ! Pensez à vous nettoyer dès que vous changez subitement d'émotions.

De même, **vous pourrez faire le premier symbole sur tous les objets que vous achetez, surtout les** objets anciens : montres, bijoux, objets d'art grands ou petits, mobilier… Tous ces objets ou tous ces meubles sont imprégnés par les énergies de leurs anciens propriétaires, parfois depuis plusieurs générations. Évitez de prendre les meubles de vos familles, surtout ceux des parents. Acceptez les objets d'art ou les objets de valeur qu'il faut vite revendre et séparez-vous au plus vite des objets dont la valeur est sentimentale. Coupons totalement les liens d'attachement. Vous tirerez un peu d'argent après la vente des biens et les acquéreurs, parfois dans le besoin, seront contents de les recevoir après les avoir nettoyés. Sinon, n'oubliez pas de passer un petit coup de Kärcher avec le premier symbole. Les meubles, les pièces, les maisons peuvent être abondamment enfumés avec de la sauge, de la verveine, de la lavande. Les meubles peuvent être essuyés avec de l'huile essentielle de rose.

Vous pouvez aussi nettoyer vos petites pierres et augmenter leur énergie. Prenez la pierre dans une main, dessinez le premier symbole par-dessus, puis posez la main dessus. C'est facile, rapide, pratique. Pensez à nettoyer les pendules de radiesthésie, les cartes, les colliers, les bagues… Choisissez bien les bagues, les bracelets, parce que leurs énergies peuvent ne pas vous convenir.

Les deux fonctions, purifier et activer, se font en même temps : le 1er symbole purifie et bonifie le vin. En tout cas, il se passe quelque chose. Quand vous faites le 1er symbole au-dessus du verre d'un vin que vous n'appréciez pas, ce vin va instantanément avoir un meilleur goût.

☞ LE CONSEIL EN PLUS

En tant que symbole Feu, l'énergie Reiki et surtout le 1er symbole drainent l'eau du corps. Pensez à boire après la séance, aussi bien vous qui donnez le Reiki que celui qui le reçoit.

Mode d'emploi pour nettoyer une pièce avec le 1er symbole

- Mettez-vous au milieu de la pièce.
- Demandez à l'énergie de l'Univers de venir pour nettoyer la pièce.
- Une main en contact avec le corps pour recevoir l'énergie, dessinez un grand premier symbole avec l'autre main dans l'espace devant vous. Restez en contact quelques secondes ou plus selon le besoin (selon votre ressenti) : c'est le nettoyage global. Si vous n'avez pas beaucoup de temps, ces quelques secondes seront suffisantes.
- Vous pourrez aussi faire un nettoyage plus complet en nettoyant chaque partie de la pièce : dessinez un grand 1er symbole sur chaque mur, restez le temps que vous estimerez nécessaire. Faites ensuite de même sur les portes, les fenêtres, puis sur le plafond et le plancher, l'intérieur des placards, le lit si vous êtes dans une chambre.
- Remerciez l'énergie de l'Univers pour ce nettoyage de la pièce.
- Frottez-vous les mains pour vous déconnecter.

Remarques :
Les miroirs et les vitres ont la particularité de se salir très vite. Après avoir nettoyé avec le 1er symbole, dessinez le 2e symbole (voir p. 185), puis le premier par-dessus, pour protéger les miroirs et les vitres, afin qu'ils se salissent moins rapidement.
Notez aussi que, selon les lois d'harmonisation et de plénitude du Feng Shui, mieux vaut éviter de mettre un miroir dans une chambre, surtout au pied du lit. Si vous désirez quand même disposer d'un miroir, il vaut mieux le placer sur la face intérieure de la porte du placard. Ainsi, lorsque le placard est fermé, vous ne voyez plus le miroir.
Quand on se sent mal à l'aise chez soi, il faut penser en premier à nettoyer son appartement, sa maison. Cependant, si, après le nettoyage, vous vous sentez toujours aussi mal, cela signifie que vous avez besoin de vous nettoyer, vous. Faites-vous rapidement un auto-traitement avec le 1er symbole.

BONUS VIDÉO
Découvrez la vidéo de la méthode pour nettoyer une pièce avec le 1er symbole (voir p. 2).

Le premier symbole : une incomparable trousse de premiers secours

Quand l'énergie se bloque, elle s'endurcit, elle s'enkyste, elle devient une pierre invisible. Vous comprenez pourquoi il n'est pas facile de faire disparaître un kyste, un calcul rénal ou de la vésicule biliaire ! Il faut du « jus », de l'énergie, du punch. Le quidam n'en a pas assez.

En débloquant cette énergie, le 1er symbole la démultiplie, il apporte plus de puissance*. Le temps d'imposition des mains diminue, par conséquent la durée de la séance diminue aussi.

Le 1er symbole est très utile et très efficace au quotidien, il sert très souvent dans les situations courantes. Vous pourrez le faire sur toutes les petites blessures aiguës : coupures, foulures, plaies et bosses… Cela est également bénéfique pour les douleurs bénignes (maux de tête, de ventre, douleur au genou, à l'épaule…), la constipation, les selles molles sans fièvre, les éruptions cutanées (boutons, acné…).

Indispensable en voyage !

Ce 1er symbole est vraiment pratique, car vous n'avez pas toujours votre trousse de secours avec vous, chez vous ou en voyage.

Si je vous racontais une petite histoire… J'étais en voyage dans la forêt en Amazonie péruvienne avec des amis. L'un d'eux, en s'accroupissant pour ramasser des graines noires et rouges porte-bonheur dans les hautes herbes, s'est piqué au contact d'une feuille rigide et pointue. Le lendemain, il a eu très mal. Heureusement, il a vite dessiné le 1er symbole. La douleur a disparu peu après. Il était soulagé définitivement.

Les saignements, les coupures, les plaies

Le 1er symbole arrête les saignements quasi instantanément. Il calme rapidement les douleurs. En pratique, dessinez le 1er symbole avec la main, puis posez le bout du doigt sur la coupure pendant 1 ou 2 minutes, si c'est une petite coupure. Si c'est une coupure plus importante, posez la paume de la main. En général, le saignement est arrêté. Si la plaie saigne encore, recommencez jusqu'à l'arrêt définitif du saignement.

Bien sûr, on parle ici uniquement des coupures ou des plaies légères, qui ne nécessitent pas de points de suture. Le Reiki ne les remplace pas !

Vous pourrez ensuite faire quotidiennement une minute de Reiki sur la plaie au-dessus du pansement, surtout si la plaie est importante. Les séances Reiki vont accélérer la guérison.

☞ **LE CONSEIL EN PLUS**

N'oubliez pas de désinfecter la plaie. Et n'hésitez pas à aller voir votre médecin pour faire poser quelques points de suture si cela s'impose. Le principal est d'arrêter le saignement et la douleur !

Les séances Reiki accéléreront également la cicatrisation post-chirurgicale, et cela évitera les mauvaises cicatrices et les rétractions. N'hésitez pas à le faire pour vous, votre famille, vos amis. Vous serez surpris, agréablement bien sûr, de l'efficacité du 1er symbole !

Témoignages personnels

Dimanche gâché ?

Un de mes amis m'a raconté un fait qui lui était arrivé. Un dimanche d'été 2015, il était en sortie au bord de la mer, sur la côte normande précisément, avec son petit garçon. Ils jouaient tranquillement au mini-golf. Son fils s'est fait un copain et ils ont commencé à faire une partie tous les deux. Soudain, il a entendu son fils pousser un grand cri. Par réflexe, il a couru vers lui. Le copain avait raté la balle et frappé son fils en plein front avec son club en fer. Le marteau avait beau être gainé d'une protection en caoutchouc, le choc fut assez violent ! Mon ami a donc fait le premier symbole et posé son doigt sur le front de son fils à l'endroit de la blessure. Que se passa-t-il alors ? Vous allez me dire : on ne va pas gober ton histoire comme ça ! Mais si. Pas une goutte de sang n'a coulé. Juste une petite plaie ouverte, vite refermée par deux strips achetés à la pharmacie la plus proche.

Attention au pied de table !

Ce même papa m'a raconté que son petit garçon a fait une chute contre le coin du pied carré de la table en chêne massif. L'arcade sourcilière gauche s'est ouverte sur deux centimètres au moins. Par chance, il était juste à côté. Instantanément, il a posé son doigt sur la blessure et fait le 1er symbole mentalement. Véridique : pas une goutte de sang ! C'est miraculeux. Le petit garçon est ensuite allé aux urgences pour faire des points de suture...

Les bosses et les bleus

Si l'un de vos enfants tombe ou se cogne en votre présence, sans hésitation, posez la main ou le pouce sur la bosse qui commence à apparaître, après avoir fait le 1er symbole. Appuyez progressivement, le plus fortement possible. Attendez une minute ou deux. Cette action évitera l'apparition d'une belle bosse, qui sera bien douloureuse et qui mettra du temps à partir...

Respirez profondément et amplement trois fois. Toujours par trois, ça détend et ça relaxe ! Ça fait du bien à tout le monde. Sans cris, sans pleurs. Cela

vous permettra de vous remettre de vos émotions de maman poule ou de papa poule.
Avec l'habitude, vous ferez ce geste naturellement.

☞ LE CONSEIL EN PLUS

Après un choc, dès que vous le pouvez et si vous le souhaitez, vous pouvez donner une dose d'arnica 7 CH, puis un granule toutes les heures pendant 3 à 6 heures et/ou appliquer de l'arnica en gel (quand il n'y a pas de plaie).

Les brûlures

Le 1er symbole calme la douleur des brûlures. Parfois, il n'y a même pas de traces de la brûlure, pas de cloque… Voilà un symbole utile pour les cuisiniers et les bricoleurs du dimanche qui se blessent souvent, et qui soulage aussi les coups de soleil, à défaut d'avoir un coupeur de feu à portée de main (voir encadré ci-après) !
On parle bien sûr des brûlures légères et localisées, pas des brûlures importantes. Si la brûlure est étendue ou profonde, rendez-vous en urgence chez le médecin.

La pratique des coupeurs de feu

Les « coupeurs de feu » ou « barreurs de feu » peuvent, par simple imposition des mains, soulager les brûlures. Cette pratique ancienne et longtemps taboue intéresse aujourd'hui de plus en plus de services hospitaliers, qui font appel à eux. Les mécanismes à l'œuvre restent incompris par la science, mais leur efficacité semble bien réelle. Dans sa thèse consacrée au sujet (*Place des coupeurs de feu dans la prise en charge ambulatoire et hospitalière des brûlures en Haute-Savoie en 2007*), le Dr Nicolas Perret souligne que 63 % des soignants qu'il a interrogés estiment que l'efficacité des coupeurs de feu est « forte ». Quant aux patients, ils sont 76 % à attribuer une note égale ou supérieure à 7/10 à l'intervention des coupeurs de feu.

Notez aussi que le zona (une maladie virale) peut être considéré comme une brûlure. Par conséquent, une bonne série quotidienne de Reiki avec le 1er symbole permet un soulagement ou une guérison rapide. Sachez que les douleurs dues à cette maladie peuvent durer plusieurs années selon les personnes, surtout chez les personnes âgées.

Témoignages personnels

Attention, ça brûle !

Damien, un ami qui adore les crêpes, s'est mis en tête d'en faire une cinquantaine à la chandeleur alors qu'il ne recevait que trois copains. Au moment de faire sauter la cinquième crêpe, il a lâché la poêle. Et qu'a-t-il fait cet imprudent, je vous le demande ? Il a rattrapé la poêle par le fond, sur sa main ouverte ! Il a eu très mal sur le coup ! Mais il avait une botte secrète : il a tout de suite dessiné le premier symbole sur sa main et a posé l'autre main par-dessus. Il avait encore très mal. Les traces de brûlure ont commencé à apparaître sur toute la main ! Il a alors dessiné le premier symbole avec le bout de sa langue et il a soufflé plusieurs fois sur la main. Enfin, il a reposé l'autre main après avoir de nouveau dessiné le premier symbole. Finies les crêpes ! Finalement, la douleur s'est estompée, puis a disparu en quelques minutes sans qu'il s'en aperçoive. Le lendemain, pas de cloque, pas besoin de faire la queue aux urgences. C'est à peine si on voyait une légère trace sur toute la main…

Sept d'un coup

Ça rappelle un certain conte de fées… Pascal, que j'ai rencontré lors d'une initiation et avec lequel j'ai lié d'amitié, m'a raconté ceci. Il a reçu la visite d'un groupe d'amis. Il faisait beau, c'était au mois de juin. Pascal passe toujours ses vacances à l'île d'Yeu au large de la Vendée. Cette île est assez petite pour qu'on en puisse faire le tour, en longeant la côte à vélo en une journée. Malgré le beau soleil de juin, en bord de côte, il y a toujours du vent. Du vent frais qui vient du large. Au bout de quelques dizaines de minutes, tout ce petit monde « décapelle » comme on dit là-bas : tout le groupe se retrouve torse nu, hommes et femmes, bien entendu avec un haut de maillot de bain pour les dames. Mon ami et le groupe se retrouvent pour le barbecue en fin de journée. Ce qui devait arriver arriva. La fraîcheur du vent avait masqué les morsures de l'astre solaire. Quand Pascal vit les grimaces sur le visage de ses amis, cela le fit bien rire. Ils avaient attrapé un bon coup de soleil sur le dos. « On voit bien que vous êtes des touristes », leur cria-t-il ! Il les plaça côte à côte tous les « sept » de façon qu'ils lui présentent leur dos. Il s'éloigna un peu. Il dessina un grand premier symbole enveloppant les sept malheureux. Et puis, plus personne n'a parlé des coups de soleil…

Coup de soleil exotique

J'ai un ami qui m'a raconté cette aventure. Il était au nord du Pérou, à Chiclayo exactement, et séjournait chez un vieux chaman réputé. Ce jour-là, il décida de s'octroyer une journée de repos. Il a pris le bus pour aller à la plage dans la ville voisine. Vous savez que la côte péruvienne donnant sur le Pacifique a un climat désertique. Il y fait plutôt très chaud. C'est juste un peu en dessous de l'équateur. La mer est froide, contrairement à ce que nous pourrions croire : un courant froid longe la côte. Donc il y a là aussi du vent frais. Après avoir visité le centre-ville et pris un plat succulent de ceviche (poissons et coquillage crus cuits au citron) au déjeuner sur le mercado central (le marché), il est allé à la plage. Il y a beaucoup de soleil, mais il fait bon, l'air de la mer est frais, très agréable. Il ôta sa jolie chemise qu'il jeta sur le sable. Il observa les marins qui sortaient en mer sur des embarcations en roseaux. Pas facile de franchir les barrières de vagues. Il courut un certain temps derrière les mouettes, qui décollaient au dernier moment comme pour le survoler. Parfois, il se retrouvait dans la nuée de mouettes voletant autour de lui. C'était magique, impressionnant. Il n'a pas vu passer le temps. Il était heureux et il se sentait bien. Mais, plus tard, quand il a voulu se coucher sur son lit de fer avec un matelas de paille et un drap, pas moyen. Il n'avait pas mal au dos, mais le contact avec le matelas était douloureux. Sur le coup, il ne comprenait pas. Après un instant de réflexion, il se souvint qu'il était allé à la plage. Comme il faisait bon, il ne s'est pas méfié du soleil. Voilà l'explication, il avait attrapé un bon coup de soleil ! Cet ami-là était bien « grillé » comme on dit en Vendée, c'est-à-dire qu'il avait tout le nécessaire avec lui (et non qu'il fût grillé comme une merguez sur le barbecue). C'est un Reiki-man (quelqu'un qui pratique la Reiki). Il visualisa un grand premier symbole sur tout son dos. Au bout de quelques minutes, son dos ne le dérangea plus, il s'endormit comme un bébé. Vous connaissez l'effet de l'air de la mer…

Le « coup » de la bouillotte

Voici une histoire que m'a racontée Richard, maître Reiki. Un soir d'hiver, Richard trouva que les draps étaient un peu frais, il voulut mettre une bouillotte dans son lit. Il mit de l'eau à chauffer dans une casserole. Il coupa le gaz avant l'ébullition. Puis tenant la bouillotte par le col avec la main gauche, il versa l'eau de la casserole avec la main droite. Vous savez ce que font les vilaines bouillottes quand vous versez trop rapidement l'eau. Elles régurgitent ! L'air qui en ressortit fit déborder l'eau sur la main qui tenait la bouillotte. Que fit alors notre ami Richard ? Il continua de verser l'eau mais plus lentement, en faisant un peu la grimace jusqu'à remplir la bouillotte ! Il se permit un petit : « Ça brûle, la vache ! » Richard m'a raconté qu'il eut très chaud à la main, mais il voulut voir s'il pouvait le supporter... et il voulait surtout expérimenter le premier symbole ! Au bout de quelques minutes, il n'avait plus mal et n'a eu aucune trace de brûlure. Méfiez-vous des bouillottes, elles sont sournoises !

Les irritations des yeux

Voilà un secret merveilleux ! Si, dans votre entourage, quelqu'un souffre d'une irritation des yeux avec une envie terrible de les frotter, d'une sensation de brûlure, d'une impression de grains de sable dans les yeux, d'un œil rouge ou sanguinolent, testez la méthode suivante.

Avec deux doigts, écartez les paupières et dessinez dans votre bouche, avec votre langue, le 1er symbole. Ensuite, soufflez sur son œil trois fois. Que se passe-t-il ? Vous constaterez que le mal a disparu instantanément ! Pour l'œil sanguinolent, il faudra patienter quelques jours quand même. Sachez que cela peut ne pas fonctionner à chaque fois. Malheureusement.

Vous pourrez aussi le faire pour vous-même, mais c'est moins pratique. Mettez la main devant votre œil comme un volet d'avion. Soufflez fort dans la main, orientez bien la main pour que le souffle se termine dans l'œil. Faites-le et vous serez bluffé. Même sans être initié Reiki. Soufflez sans symbole, ça marche aussi. Pour peu que vous ayez confiance en vous !

Rappel important !

Si la douleur n'est pas diminuée dès la première séance, attention ! Au bout de la 3e tentative sans effet, la consultation médicale s'impose.

Les petites infections, la fièvre

Toux, rhinite, bronchite, fièvre… dans tous ces cas, vous pouvez faire le Reiki, à raison de 3 ou 4 séances par jour avec le premier symbole. Si au bout de deux jours, vous ne constatez pas d'amélioration, pensez à consulter. Vous pourrez ensuite continuer le Reiki pendant le traitement médical.

Après la chimiothérapie

Les séances Reiki sont très salutaires et appréciées pour les personnes soignées par chimiothérapie. Vous leur serez d'un grand secours…

Témoignage personnel

Une petite histoire vraie...

Kevin, à peine 25 ans, vient d'apprendre qu'il souffre d'un cancer des ganglions. Traitement prévu : chimiothérapie et radiothérapie. Son ami Patrick lui propose de lui faire du Reiki afin de limiter si possible les effets secondaires du traitement médical. À chaque fois que Kevin recevait un traitement de chimiothérapie, il devait en effet rester au lit deux ou trois jours tellement cela le fatiguait. Mais il a pu continuer ses études sans trop manquer les cours. Pendant son traitement étalé sur six mois environ, Kevin n'a pas perdu ses cheveux. À la fin de son traitement, il a retrouvé la forme en quelques semaines...

Et si vous vous faisiez payer ?

Si par hasard des personnes ont entendu que vous faites beaucoup de bien autour de vous, et que l'on vous demande des soins très fréquemment, pensez à vous faire rémunérer ! C'est un petit complément de revenus que l'Univers ou Dieu vous offre ! Prospérité, merci Divine Providence ! Vous agissez dans le sens de la vie, vous êtes au service de la vie. La vie vous a placé sur le chemin de personnes qui ont besoin de votre aide !

Vous ne faites pas payer l'énergie Reiki, elle existe en abondance autour de chacun, il n'y a qu'à se servir. Vous faites payer votre temps, votre disposition à écouter les soucis qu'on vous transmet. Vous prenez en charge une personne. Ça peut

→

être difficile… Et puis, dans la vie, il n'y a rien de gratuit. Le gratuit n'apporte aucun avantage. Relisez la vie de Maître Usui. Tout est échange. L'argent est une énergie qui a besoin de circuler pour accroître. Celui qui accumule finit par tout perdre quand son karma positif est consommé !

2 Le deuxième symbole - harmonie

Le 2e symbole transmet les harmonies équilibrantes et apaisantes à la personne qui est traitée en agissant en particulier sur le corps éthérique et sur ses chakras*. Il est particulièrement recommandé pour les troubles émotionnels ou psychiques.

Le deuxième symbole : « Dieu et l'homme sont un »

Son nom : *SEI E KI*

Le deuxième symbole a quatre fonctions essentielles :

- Il permet le travail sur le mental
- Il calme, apaise, relaxe
- Il protège

- Il harmonise, facilite la communication

Ce symbole se fait autour de la personne ou de l'objet, par visualisation. N'oubliez pas de le nommer trois fois avant de le faire.
Tout comme le premier, il n'est pas éternel. Refaites-le à chaque fois que vous en ressentez le besoin. Par exemple, à chaque fois que vous prenez la voiture. Sachez écouter votre intuition.
Les premier et deuxième symboles peuvent être utilisés ensemble. Le 1er symbole a aussi pour effet de fixer et d'intensifier le 2e symbole. Vous dessinez d'abord le 2e symbole, puis le 1er symbole par-dessus. Enfin, vous les appelez.

Le deuxième symbole permet le travail sur le mental

C'est lui qui permet d'amener l'énergie Reiki au niveau des processus mentaux (conscient et inconscient) et aussi de faire le lien entre ces différents niveaux de conscience. C'est à travers la conscience que Dieu et l'homme sont Un.
Dans le Reiki, le travail sur le mental est le pivot, l'essentiel. Si vous êtes bien dans votre mental, vous serez bien dans la vie. C'est ici que se fait réellement le travail conscient vers l'éveil. L'éveil spirituel (de l'esprit) n'est pas d'acquérir et développer des capacités parapsychiques, ni de soigner ni de devenir érudit. L'éveil spirituel s'acquiert par un travail pour

soi, sur soi, basé sur la volonté, la patience, la persévérance pour se comprendre. C'est le but de l'auto-analyse, c'est-à-dire connaître ses défauts et ses qualités, puis chercher à transformer au maximum ses défauts (pacifier ses egos) sans compromission, en toute honnêteté et développer au maximum ses qualités en apprenant les lois divines (de l'Univers) et à s'y conformer.

Le travail sur le mental se fait d'abord sur soi-même. Le Reiki est d'abord un travail sur soi, pour transformer ses croyances sur soi-même et sur le monde. Change-toi et le monde changera ! Rien ne sert de vouloir à tout prix changer le monde, notre entourage, même par la force. Il en résulte des conflits, des agressions, de la violence dans les paroles et les gestes, des situations quasi insolubles en accord avec nos parts d'ombre, d'ignorance. Que de malentendus, d'incompréhension, de désirs inassouvis et contrariés !

Le vrai développement personnel et spirituel

Le développement personnel et spirituel n'a rien à voir avec le savoir ou l'intellect, ou encore les capacités parapsychiques. Le développement personnel et spirituel est lié avec le CŒUR, avec la sagesse, la compassion, l'amour. L'ouverture du cœur n'est possible qu'une fois que l'harmonie pénètre le corps et l'esprit, une fois que l'unité psychocorporelle est réalisée avec le renforcement et l'harmonie des quatre éléments. Le plus difficile, c'est de faire une

→

longue liste de ses défauts et de ses qualités, de compléter cette liste au fil des mois et des années pour aller vers davantage de subtilité, de finesse dans l'appréhension de **soi**. La liste faite, le travail consiste à transformer les défauts (biens négatifs) en qualités (biens positifs). Il est important pour ne pas échouer de ne pas se juger, de ne pas culpabiliser et surtout de persévérer. Le travail en lui-même développe la patience, la tolérance, l'acceptation de soi.

Avec le travail sur le mental, vous allez modifier vos réactions émotionnelles, votre façon de penser, votre façon de voir la vie. Aujourd'hui, après avoir plongé dans les profondeurs de vous-même, pour aller ensuite plus haut vers la lumière, vous n'avez plus peur, et, en outre, vous êtes exalté de vivre cette nouvelle aventure ! Vous faites descendre en vous la lumière pour qu'elle vous éclaire. Cela ne veut pas dire qu'il faut vous isoler : continuez à vous informer comme vous le désirez, participez à la vie familiale et sociale, soyez seulement plus heureux.

La boîte de Pandore...

Il se peut qu'après l'initiation, vous perceviez d'une manière plus évidente ou plus claire que vos émotions sont trop excessives (trop de peur, d'angoisse, de colère, de timidité, etc.). Parfois même, des situations passées que vous pensiez réglées vous reviennent avec clarté ! Attention, ne laissez pas la culpabilité ou le découragement vous envahir. Vous avez bien fait le nettoyage. Seulement, il en reste encore à purifier. Il ne reste plus qu'à vous remettre au travail pour entamer votre chemin d'éveil au quotidien sans jugement, sous peine de déception, de colère et, finalement, de renoncement à votre travail de libération de votre passé. Un passé étonnamment et excessivement douloureux, plein de zones obscures oubliées qui se traduisent par des réactions émotionnelles négatives difficilement contrôlables, des émotions que vous cherchez à cacher, à refouler, car vous ne voulez pas souffrir. Ce qui se comprend bien. C'était un bon réflexe de survie quand vous étiez enfant. Mais ces souffrances sont toujours là, enfouies au fond de vous. Les personnes qui n'ont pas bénéficié de soins ou suivi de psychothérapie ont, depuis leur tendre enfance, caché les souffrances dans la fameuse boîte. Ils l'ont verrouillée un peu plus chaque jour. Vous comprenez pourquoi il est difficile de l'ouvrir. Il y a comme dans tout commencement une certaine inertie inconsciente créée par des peurs et des blocages qu'il est nécessaire de dépasser.

Profitez de l'élan, de l'énergie, de l'encouragement produit par le stage d'initiation pour vous lancer dans le travail sur vous-même coûte que coûte, avec une volonté de fer d'ouvrir cette boîte et de la vider complètement. Vous y consacrerez le temps nécessaire, toute une vie sûrement avec une patience infinie, avec un amour infini pour vous-même, avec une gratitude envers la Vie, envers la Divine Providence. Tout est parfait pour celui ou celle qui voit la vie ainsi. Et vous serez encouragé et soutenu. Le jour de votre initiation est un jour de chance*, cette chance vous l'avez saisie. Vous êtes à la croisée des chemins. Le chemin est sans retour ! Ne regardez pas en arrière, toujours devant, toujours face à la pente !

Avec le 2e degré, vous pouvez vous aider et aider autrui à avancer plus rapidement. Vous êtes au service de la Vie. Vous répandez la force de la Vie. Vous pouvez agir sur le mental d'une tierce personne ou sur un groupe de personnes, parce qu'elles vous ont demandé de le faire. Ce n'est pas possible autrement. C'est une loi karmique de l'Univers. Vous ne pouvez pas l'outrepasser sans conséquence pour vous-même.

Vous êtes placé sur la route de cette personne pour l'aider. Elle vous a placé sur sa route aussi. Pas d'hésitation, aidez-la.

☞ **LE CONSEIL EN PLUS**

Si une personne n'arrive pas à gérer ses émotions malgré votre aide et votre soutien, conseillez-lui d'aller voir un professionnel.

Les chakras* et les affirmations* correspondantes

Vous pouvez utiliser cette méthode avec l'auto-traitement. Dessinez le 2e symbole, puis le 1er sur chaque chakra en prononçant les affirmations suivantes :

- Chakra 1 : « Je suis en sécurité – Tous mes besoins naturels sont comblés – Je suis confiant – Je vis dans l'abondance. »
- Chakra 2 : « Je suis puissant – Je réalise mes rêves – Je suis dans l'action. »

- Chakra 3 : « J'harmonise mes relations – Je m'affirme – Je suis patience infinie. »
- Chakra 4 : « Je suis amour et compassion – Je m'aime. »
- Chakra 5 : « Je parle facilement – Je suis dans l'écoute – J'agis avec harmonie et équanimité – Je suis clairaudient. »
- Chakra 6 : « Je suis sagesse infinie – Je suis clairvoyant. »
- Chakra 7 : « Je suis dans l'esprit divin – Je suis Dieu. »

Le travail sur le mental sur soi-même sans affirmation*

Choisissez un endroit tranquille et une position confortable, par exemple la position du pharaon, qui est idéale (voir p. 99-100).

- Harmonisez votre aura*.
- Posez les mains sur votre cœur, ou faites quelques positions de Reiki pour vous centrer.
- Dessinez le 2e symbole au sommet de la tête, en prenant soin de prendre toute la tête, puis dessinez le premier par-dessus.
- Posez la main qui a dessiné les symboles sur le sommet du crâne, la paume de la main sur le chakra du sommet de la tête. Mettez l'autre main au niveau de l'occiput. Les mains doivent rester dans cette position pendant tout le travail. Si vous avez enlevé la main du sommet du crâne, vous devez redessiner les symboles.

- Appelez le deuxième symbole, puis le premier.
- Appelez trois fois vos prénom et nom (si vous avez un surnom, appelez trois fois votre surnom).
- Restez complètement dans le laisser-faire, attentif à ce qui se passe dans votre corps. Laissez l'énergie Reiki agir. Vous n'avez pas d'exigence particulière, vous faites confiance en l'énergie Reiki. Elle sait ce que vous avez besoin de transformer au niveau mental à ce moment précis.
- Lorsque vous sentez que l'énergie circule bien, revenez au laisser-faire.
- Vous pouvez laisser la lumière (blanche ou dorée) remplir votre corps. Ou vous pouvez appeler la Lumière, la Joie ou des mots positifs de votre choix, tout en vous visualisant heureux.
- Frottez-vous les mains pour déconnecter.
- Harmonisez l'aura*.

Le travail sur le mental sur soi-même avec affirmation

Il est possible de faire ce même travail sur le mental en utilisant des affirmations. Les affirmations sont des phrases courtes, claires, simples, composées de quelques mots, parfois d'un seul. Les phrases sont toujours au présent, et ce sont des phrases positives (elles ne contiennent pas de négation). Que vous les utilisiez pour vous-même ou pour quelqu'un d'autre, elles doivent toujours être formulées avec un « je ». Gardez la même affirmation jusqu'à ce qu'elle se réalise ou tout du moins pendant un certain temps,

de sept jours à trois semaines avant de changer d'affirmation.
Exemples d'affirmations* :
« Je suis en bonne santé » ou « Je vais mieux » (plutôt que « Je vais de mieux en mieux »)

- « Je m'affirme »
- « Je m'accepte tel que je suis »
- « J'aime »
- « Je m'aime »
- « Je réussis à l'examen de… »
- « Je trouve du travail… »
- « J'ai le poids idéal, j'ai la taille idéale » (si vous voulez maigrir)
- « Je suis indifférent à la cigarette » (si vous voulez arrêter de fumer)
- « Je suis patient »
- « Je réalise mon projet »
- « Je suis dans l'action »
- « J'ai une bonne mémoire »
- « J'apprends facilement »
- « Je me lève facilement le matin »

Avant de commencer, choisissez votre affirmation. Il est nécessaire de l'écrire pour que ce soit vraiment clair pour votre mental et pour trouver la bonne formulation.

- Relaxez-vous une main sur le cœur, l'autre main sur le plexus.
- Harmonisez votre aura.

- Dessinez le deuxième symbole sur le sommet de la tête, puis le premier par-dessus.
- Posez la main qui a dessiné les symboles sur le chakra du crâne, puis l'autre main empaume l'occiput. Les mains doivent rester dans cette position pendant la séance ; si vous avez enlevé la main du sommet du crâne, vous devez redessiner les symboles.
- Appelez trois fois chaque symbole dans l'ordre dans lequel vous les avez dessinés.
- Appelez trois fois votre nom et votre prénom.
- Répétez trois fois intérieurement votre affirmation préalablement choisie.
- Restez dans le laisser-faire. Vous pouvez laisser la lumière blanche ou dorée remplir votre corps. Vous pouvez envoyer des symboles sur les zones de blocage, de tension, ou d'insuffisance d'énergie.
- Vivez l'état de votre affirmation réalisée dans l'émotion et le ressenti : si vous avez demandé la joie, ressentez la joie en vous et l'expression de cette joie sur votre visage…
- Lorsque vous ressentez bien l'état de l'affirmation réalisée où l'énergie circule bien, revenez à l'état de laisser-faire.
- Remplissez-vous avec les mots : Amour, Compassion, Lumière…. Vous avez le choix.
- Frottez-vous les mains pour déconnecter.

Un bon moyen pour trouver l'âme sœur ?

Vous désirez rencontrer une personne qui vous convienne. Cherchez la bonne affirmation, et faites directement sur vous le travail sur le mental, avec une affirmation comme : « Je trouve facilement la personne qui me convient, nous formons un couple uni et heureux... » Faites confiance à la Vie pour les détails, et gare aux surprises.

Si vous êtes particulièrement exigeant, vous pouvez être plus précis sur quelques traits de caractère ou sur le physique. Vous pouvez alors rencontrer la personne qui corresponde à votre demande. Mais attention, il y a toujours la possibilité de trouver un défaut inattendu chez la personne. Le Reiki n'apporte pas la garantie que la relation va durer !

Le travail sur le mental sur une autre personne avec ou sans affirmation*

Vous pouvez aussi travailler sur le mental d'une autre personne, en utilisant ou non les affirmations. Voici le déroulement du travail.

Pour le travail sans affirmation, supprimez le point numéro 6

- La personne choisit une affirmation importante pour elle à ce moment-là. Faites écrire l'affirmation sur un papier avec le nom et le prénom de la personne.

- La personne est assise ou allongée. Mettez l'affirmation écrite à côté de vous. Si la personne est allongée, mettez une main sous sa tête.
- Dessinez le deuxième symbole, puis le premier sur sa tête. Ensuite, posez la main qui a dessiné les symboles sur le sommet de la tête.
- Si la personne est assise, dessinez les symboles avec la main prépondérante, puis posez la main. L'autre main se place au niveau de l'occiput.
- Appelez les symboles dans l'ordre.
- Appelez le nom et le prénom de la personne trois fois.
- Répétez à haute voix trois fois l'affirmation telle que la personne vous l'a donnée : à la première personne du singulier.
- Restez en état de laisser-faire.
- Vous pouvez visualiser la personne dans l'état énergétique de son affirmation réalisée.
- Harmonisez l'aura.
- Frottez-vous les mains pour déconnecter.

Avec les enfants aussi !

Après une punition, une crise de colère, une frustration, une frayeur, vous pouvez utiliser le travail sur le mental avec votre enfant. C'est aussi l'occasion de lui permettre de parler, de s'expliquer, de dire ce qu'il ressent. Voici quelques exemples d'affirmations : « David est détendu et calme », « David va facilement vers les autres enfants », « David parle facilement aux adultes »...

Le deuxième symbole calme, apaise, relaxe

Vous pouvez dessiner ce symbole sur tout ce qui a besoin d'être calmé, apaisé, relaxé : une personne, un enfant qui pleure, un animal, vous-même, si vous vous sentez irrité, frustré, en colère.
Avant de le faire sur vous, faites quelques respirations profondes ou quelques mouvements relaxants. Il vaut mieux être un peu apaisé au moment de faire le Reiki.

Le travail sur le physique avec le 2e symbole

- Prenez 2 minutes pour vous centrer.
- Faites le traitement global sur le physique comme vous l'avez appris au premier degré. Vous dessinez le 1er symbole avant de poser la main pour chaque position, puis vous l'appelez trois fois.
- Terminez sur les zones douloureuses, ou sur la zone la plus douloureuse ou sur la zone correspondant à la demande de la personne (par exemple, si la demande est de soulager la douleur du bas du dos, de la nuque, du genou, de la main, la zone de digestion). Dessinez le 1er symbole, puis posez les mains pendant 1 ou 2 minutes, ou bien jusqu'à ce que vous sentiez que cela suffit. Vous pouvez aussi utiliser le 2e symbole, mais c'est moins fréquent, en cas de grosses tensions musculaires. Vous dessinez alors le 2e symbole, puis le 1er par-dessus, et vous les appelez ensuite.

- Harmonisez l'aura
- Frottez-vous les mains.

Ça chauffe ou ça picote ?

Sous vos mains, vous pouvez ressentir de la chaleur, de la fraîcheur, des picotements, des tensions (ou, au contraire, du vide), parfois un mouvement. Ne vous focalisez pas sur ces perceptions. Acceptez vos perceptions au départ, ça fonctionne, c'est l'essentiel. Vous aurez des éclaircissements au fur et à mesure de la pratique. Vous affinerez vos ressentis. Alors, profitez de toutes les occasions pour vous exercer.

Le deuxième symbole protège

La protection se fait aussi bien au niveau physique que psychique. Vous pouvez par exemple protéger une voiture, la vôtre ou celle de quelqu'un d'autre, avant de prendre la route, en prévention d'un accident. Que de tracas en moins ! Habitué à faire la protection sur tout ce que vous désirez, vous vous sentirez plus léger. C'est comme une bénédiction !
Le protocole est le suivant : dessinez le 2e symbole, puis le 1er au-dessus de la tête de la personne à protéger, ou au-dessus de l'objet. Vous pouvez aussi dessiner mentalement ces deux symboles au-dessus des très grands objets, d'une maison, d'un immeuble…
Vous pouvez par exemple le faire :

- Pour vos enfants pour la journée, avant qu'ils ne partent en classe, pour prévenir les accidents sur le trajet de l'école, pour les sorties de classe, pour le sport, la piscine… Et pour prévenir également les accidents domestiques, si courants.
- Pour vous-même pour la journée, notamment pour vous protéger lors de votre trajet pour aller au travail : à pied, à vélo, en voiture, dans le tram, le train, le métro… Mais aussi pour vous protéger, avant d'aller quelque part où vous pouvez craindre pour votre personne physiquement ou psychiquement.
- Pour les personnes qui partent en voyage, que ce soit dans un pays proche ou plus lointain.
- Sur la maison ou l'appartement, contre les risques de dégât des eaux, d'incendie, de cambriolage…
- Sur la voiture, contre les risques de panne, d'accident, de PV… Vous pouvez faire la protection avant de prendre la voiture ou après avoir quitté la voiture. Vous pouvez aussi le faire pendant que vous conduisez (en n'oubliant pas de vous concentrer sur la route !). Bref, vous pouvez le faire à chaque fois que vous pensez que vous avez besoin de vous protéger.
- Sur un animal.
- Sur un objet.
- Autour d'un cristal, d'une fenêtre, d'un miroir… (préalablement nettoyés avec le 1er symbole afin qu'il reste propre le plus longtemps possible).

Le deuxième symbole harmonise, facilite la communication

Les conflits avec certaines personnes et les difficultés à résoudre certaines situations provoquent un épuisement nerveux évident. Le *burn-out* ou la dépression guettent ! Quand il y a des tensions suspectes ou évidentes, vous savez combien nous sommes obtus, têtus, aveugles, sourds, égocentriques dès que notre point sensible est touché. C'est toujours de la faute des autres. Ayez le réflexe de penser que, dans chaque conflit, nous sommes responsables à 50 % même si nous ne comprenons pas ce que nous avons fait ou dit !

La solution consiste à vous harmoniser avec les personnes qui gravitent autour de vous et que vous ne pouvez pas éviter. Pensez aussi que si vous êtes positif, ouvert, souriant, tout va mieux, tout vous réussit. Vous serez bien accueilli. Votre sourire vous sera rendu !

Vous pouvez utiliser le 2e symbole pour vous harmoniser avec une personne ou un groupe tout entier (un ou des collègues de travail par exemple), avec vos parents, vos enfants, votre conjoint… Vous pouvez aussi l'utiliser quand vous devez gérer un dossier compliqué, avec votre assurance ou une administration, quand vous devez faire une réclamation…

Dans le couple, par exemple, c'est une bonne façon de s'impliquer. **Le travail d'harmonisation permet à la fois de trouver une véritable entente entre les deux**

partenaires, mais aussi de permettre à chacun de trouver une harmonie dans sa propre évolution personnelle et spirituelle. Faire cet exercice change votre mentalité, vous rapproche de votre partenaire et crée plus de lien dans le couple. Il faut communiquer, se parler ! Osez vous ouvrir, vous confier, partager les soucis comme les joies, osez dire ce qui ne va pas, mais dans la simplicité, en douceur… sans juger, ni agresser. Ce travail permet de prendre conscience de la vie du couple, de s'accepter et d'accepter l'autre, de se voir et de voir l'autre avec un regard nouveau. L'idéal pour le couple, c'est que les deux partenaires soient initiés au Reiki. Il y aura ainsi encore plus de facilité, de complicité, d'harmonie. Pour cela, il est possible de faire un travail individuel sur soi et un travail sur le couple.

Affirmations pour le travail individuel :

- « Je suis attentif, attentionné, à l'écoute de mon ami(e), de mon époux(se)… »
- « Je suis en harmonie physique, émotionnelle et spirituelle avec… »
- « Je communique, je partage. »
- « Je trouve des solutions. »
- « La vie de couple est un jeu à deux, joie et légèreté ! »
- etc.

Affirmations pour le couple :

- Harmonie
- Harmonie sexuelle
- Soutien mutuel
- Écoute mutuelle
- Joie et légèreté dans mon couple…

3 Le troisième symbole - distance

Le symbole crée un lien avec toute personne (ou toute chose ou situation) qui est éloignée. Il est un pont qui permet d'établir une connexion de notre monde physique jusqu'au-delà de l'espace et du temps.

Le troisième symbole : « Le Dieu en moi va vers le Dieu en toi pour amener Lumière et Amour. Je suis Un avec toi »

Son nom : *HON SHA ZE SHO NEN*

Vous pouvez par exemple utiliser ce protocole de travail à distance quand vous avez oublié de faire la protection à vos enfants le matin (parce qu'aujourd'hui, c'était la course, que vous étiez en retard). Prenez d'abord deux minutes pour souffler, puis faites la protection avec le travail à distance tranquillement, avec le sourire du Bouddha ! N'oubliez pas que votre émotion positive participe au succès. Vous pouvez aussi le faire si les personnes concernées sont absentes ou loin de vous (par exemple, si votre enfant est parti en colonie de vacances ou chez ses grands-parents, ou encore si un(e) ami(e) est en vacances ou en déplacement à l'étranger).

Le processus d'appel* à distance

Installez-vous dans un endroit confortable, tranquille. Arrangez-vous pour ne pas être dérangé.

- Faites une méditation ou une petite prière.
- Posez les mains sur vos yeux et regardez devant vous : visualisez ou ressentez soit vous-même, soit la personne, soit le groupe, ou leurs énergies. Vous pouvez vous aider avec une photo pour appeler la personne ou la situation.
- Tendez les mains en avant comme si vous vouliez toucher la personne : c'est la position de contact énergétique.
- Dessinez le troisième symbole devant vous globalement sur l'image énergétique avec la main

prédominante, l'autre main reste en contact avec votre corps.

- Dessinez le premier symbole par-dessus. Mettez la main en contact.
- Appelez trois fois le troisième symbole, puis le premier.
- Appelez trois fois le nom de la personne ou du groupe que vous désirez contacter.
- Si vous voulez seulement faire un contact énergétique, restez en contact dans cette position.
- Pour terminer, remerciez la personne pour ce contact.
- Frottez-vous les mains pour déconnecter.

Le travail sur le physique à distance

Sur une personne

Le travail sur le physique à distance est plus puissant que le travail en direct. Au lieu de faire une position après l'autre, vous travaillez par parties du corps en restant entre 3 et 10 minutes sur chaque partie. Vous pouvez insister sur un endroit particulier.

En général, utilisez le 1er symbole pour fortifier, débloquer l'énergie ; le 2e pour calmer, rafraîchir.

- Faites une méditation ou une petite prière.
- Faites le processus d'appel*.
- Imaginez la personne sur le dos, la tête vers vous. Dessinez le premier symbole sur tout son

visage. Toujours en imagination, posez les mains en empaumant les oreilles. Appelez le symbole. Restez dans le laisser-faire.

Sur chaque partie du corps qui va suivre, dessinez un grand 1er symbole, puis posez les mains.

- Sur le haut du devant du corps (gorge, poitrine).
- Sur le bas du devant du corps.
- Sur le haut du dos. Vous pouvez ajouter le 2e symbole sur les épaules qui sont souvent contractées.
- Sur le bas du dos. Avec la conscience que l'énergie se répand vers les pieds.
- Sur les pieds.
- Sans refaire le processus d'appel, vous pouvez continuer par un travail sur le mental, en dessinant le 2e, puis le 1er symbole sur le sommet de la tête, en imaginant la personne avec la tête tournée vers vous, posée sur une de vos mains.
- Imaginez la personne en pleine santé dans une lumière blanche.
- Remerciez l'énergie Reiki ou l'énergie de l'Univers.
- Frottez-vous les mains pour vous déconnecter.

Séance rapide à distance sur une personne

Cette séance « énergétise » complètement la personne en quelques minutes (comptez entre 5 et 10 minutes).

1. Méditation.
2. Processus d'appel* à distance.

Quand vous êtes en contact énergétique avec la personne, réduisez-la mentalement à la taille d'une poupée par exemple, de façon qu'elle tienne entre les mains. Vous pouvez également la mettre dans une petite bulle. Vous pouvez remettre la personne à la taille que vous voulez pour traiter les zones que vous désirez.

3. Gardez le contact avec une main, dessinez avec l'autre main un premier symbole sur tout le corps de la personne ainsi réduite. Restez dans le laisser-faire énergétique.
4. Visualisez la personne en pleine santé, heureuse dans une lumière blanche.
5. Remerciez.
6. Frottez-vous les mains pour vous déconnecter.

Quelques remarques…

- Vous pouvez faire comme bon vous semble dans le monde de l'esprit. Vous pouvez visualiser la personne réduite à une petite taille entre vos mains, puis la voir à sa taille normale pour poser vos mains sur une zone précise et visualiser de nouveau la personne à une taille bien plus petite, comme si vous disposiez d'un zoom avec lequel vous pouvez jouer. Tout est possible, vous êtes le maître. ⟶

- Vous pouvez ajouter un travail sur le mental sans refaire le processus d'appel, vous pouvez même revenir au travail sur le physique.

Pour soi-même (double énergétique)

Se soigner soi-même n'est pas facile, surtout quand on a mal dans le dos, car il est difficile de positionner les mains sur son propre dos. Le traitement à distance est un outil vraiment merveilleux, car vous pouvez vous visualiser vous-même et ainsi vous traiter à distance. Se soigner une douleur dans le dos devient un jeu d'enfant ! C'est peut-être difficile à comprendre, mais cette façon de faire est même plus efficace que de poser ses mains sur soi-même !

En pratique, le même travail est identique au travail sur le physique exercé sur une tierce personne. Vous vous visualisez (votre double énergétique) à la place de la personne. Le travail à distance vous permet de vous voir devant vous. Vous tournez votre double dans le sens que vous voulez.

☞ LE CONSEIL EN PLUS

Le double énergétique n'est qu'une visualisation plus ou moins parfaite de soi-même. C'est tout à fait normal et cela n'a pas d'influence sur le résultat. La preuve : cela fonctionne même si vous n'arrivez pas à vous visualiser ! Donc, tranquillisez-vous : votre double est une représentation qui n'a pas besoin d'être exactement identique.

Sur deux personnes ou un groupe

Le travail est le même que celui pour une personne. La seule différence est que vous appelez le nom et le prénom des deux personnes, ou le groupe.

Ici, c'est un travail global, vous visualisez les deux personnes ou le groupe dans une bulle ou devant vous, et vous dessinez le 1er symbole. Vous laissez faire, puis vous visualisez les personnes en bonne santé, joyeuses dans la lumière blanche. Visualiser deux personnes, un groupe de personnes n'est pas facile. Pour ce faire, il suffit simplement de penser aux personnes, au groupe, puis les appeler. Cela fonctionne très bien, je vous l'assure.

Le travail sur le mental à distance

Pour le travail sur le mental à distance sur autrui ou sur un groupe, il est préférable que la demande leur soit faite de vive voix. Si ce n'est pas le cas, envoyez l'énergie, faites le travail sur le mental et demandez à l'énergie Reiki de faire ce qui est bon pour la personne ou pour le groupe, et ce, même si votre perception intuitive vous dit que la personne est d'accord pour recevoir l'énergie Reiki.

Sur une personne ou sur soi-même (double énergétique)

- Détendez-vous en faisant quelques respirations les mains jointes ou une main sur le cœur, l'autre sur le plexus. Ou bien restez tranquille en méditation, debout ou assis.

- Faites le processus d'appel*.
- Lorsque vous êtes en contact avec la personne ou avec votre double énergétique, restez en contact 30 secondes pour bien sentir son énergie.
- Si la personne vous a demandé de faire le travail à distance, alors vous connaissez son affirmation. Si la personne ne vous a pas donné d'affirmation, dites mentalement qui vous êtes, et demandez son autorisation pour « réaliser le travail sur le mental » (ce que vous n'avez pas besoin de faire si vous travaillez sur vous-même). Prenez le temps de ressentir si c'est oui ou non, si l'énergie passe ou ne passe pas. Si elle ne passe pas, ou si votre voix intérieure vous dit non, arrêtez en frottant les mains pour déconnecter. Si vous n'avez pas de réponse claire, vous pouvez continuer le travail en demandant à l'âme de la personne de recevoir cette énergie si elle le désire, sinon que l'énergie reparte dans l'Univers.
- Si la personne est d'accord, demandez mentalement si elle souhaite un travail particulier. Laissez venir sa demande (cela peut être une affirmation, un mot...).
- Si rien ne vient, travaillez sans affirmation dans le laisser-faire. Si vous travaillez avec votre double énergétique, vous pouvez travailler avec ou sans affirmation. C'est bon de faire des deux façons, une fois avec une affirmation que vous

avez choisie, une fois sans affirmation, l'énergie Reiki sait mieux que vous ce qui vous convient.

- Demandez à la personne de s'allonger sur le dos afin de pouvoir dessiner les symboles du travail sur le mental au sommet de la tête : le 2e symbole et le 1er. Appelez les symboles dans l'ordre. Appelez le nom de la personne ou le vôtre si c'est votre double énergétique. Dites l'affirmation.
- Laissez faire.
- Visualisez la personne ou vous-même dans la joie, dans la lumière.
- Remerciez la personne. Remerciez l'énergie de l'Univers ou Reiki.
- Frottez-vous les mains pour déconnecter.

☞ LE CONSEIL EN PLUS

Pour la protection à distance, il n'y a pas besoin d'accord si les personnes sont de votre famille, car vous êtes directement concerné par leur bien-être. Dans les autres cas, pensez à demander l'accord de la personne que vous souhaitez protéger. Vous pouvez aussi prendre en compte une demande de protection directement formulée par une personne. Parfois, il faudra préciser la date ou la période de protection pour une situation qui dure dans le temps.

Sur une personne, un groupe ou une situation

Déterminez ce que vous allez faire de façon simple et claire. L'affirmation est limpide et précise. Mais, parfois, il est bon de laisser à l'énergie de l'Univers la plus grande liberté d'action, car même si nous avons des désirs précis, ces envies ne correspondent peut-être pas à ce qui doit arriver le plus favorablement pour nous ou pour les autres à cet instant précis.

Demandons si possible à l'Univers d'apporter ce qu'il y a de mieux pour nous ou pour la personne ou le groupe…

En général, c'est un travail qui se fait sur une situation à venir, même longtemps à l'avance. Et, de temps en temps, vous pouvez répéter le travail plusieurs fois avant l'échéance de la situation. Vous pouvez aussi le faire pour une situation qui est en train de se dérouler : un contrôle de police, par exemple, ou lors de l'attente devant un guichet…

- Méditation.
- Processus d'appel* avec la perception de l'énergie de la personne, du groupe, la situation ou visualisation… Après avoir dessiné et appelé les symboles (3 et 1), répétez trois fois le nom du groupe, la situation…
- Restez en contact énergétique pendant quelques instants.
- Dessinez le 2e, puis le 1er symbole par-dessus sur la « visualisation ». Remettez les mains en contact. Appelez trois fois les symboles. Appelez de nouveau trois fois le nom du groupe ou la situation. Formulez trois fois l'affirmation (Amour, Joie, Lumière, Énergie, Pardon*…).
- Restez dans le laisser-faire.

- Cherchez à visualiser la situation réalisée.
- Frottez-vous les mains pour déconnecter.

Vous pouvez, par exemple, utiliser cette procédure à distance pour faire un travail d'harmonisation sur un membre ou plusieurs membres de votre famille. Dans ce cas, le travail à distance est très pratique : vous pouvez le faire même sans avoir la ou les personnes proches de vous. Ces personnes peuvent même être dispersées à travers le monde. En outre, vous pouvez faire le travail n'importe quand, même la nuit pour vous occuper pendant vos insomnies. Enfin, si vous faites bien l'auto-traitement, il n'y aura pas d'insomnies qui tiennent !

Vous pouvez par exemple faire ce travail :

- Avec vos parents. C'est nécessaire si la relation avec vos parents est difficile, surtout s'ils sont âgés, car ils ne vont pas changer.
- Avec vos enfants.
- Avec votre ex-femme/mari/amant(e)/ami(e)…

Les affirmations que vous pouvez utiliser :

- « J'efface tous les liens d'attachements négatifs avec… »
- « Je donne de l'autonomie à mes enfants… »
- « Harmonie »
- « Joie, partage, soutien »

Témoignage personnel

Des relations apaisées

Nadia, 40 ans, a une relation très houleuse avec son père depuis son adolescence. À tel point qu'elle le voit le moins possible, car chaque rencontre se termine en dispute. À chaque fois, elle rentre chez elle complètement déprimée. Elle a demandé à un ami qui est maître Reiki d'harmoniser sa relation avec son père. Surprise, elle n'a pas reconnu son père la fois suivante, et la rencontre s'est très bien déroulée…

Vous pouvez aussi faire ce travail d'harmonisation à distance sur une situation donnée, ou bien sur un groupe de personnes, comme le montrent les deux exemples ci-après.

Témoignage personnel

Rien qu'un petit feu...

René part en vacances. Il a donné sa voiture à réviser il y a quelques jours pour être tranquille le jour du départ. René a tout juste parcouru quelques kilomètres qu'un gendarme lui ordonne de s'arrêter et de se ranger sur le côté. « Vos papiers ! » demande-t-il sur un ton peu amène. Le gendarme part vérifier les papiers dans son véhicule. René pense alors : « Je n'ai pas de veine, la voiture sort tout juste de chez le garagiste. À chaque contrôle, j'attrape un PV. Ça ne va pas se passer comme ça cette fois-ci. Je ne vais pas me laisser avoir. » Alors, René visualise la situation et utilise la procédure d'harmonisation à distance avec les trois symboles. Au bout de quelques minutes, le brigadier revient et lui dit : « Je vois que nous sommes de la même classe (en clair, ils ont le même âge). Vous avez votre feu arrière gauche qui ne fonctionne pas. Je vous laisse partir. Il y a un garage pas loin, allez-y de suite faire changer l'ampoule ! » René, surpris et content, a filé sans demander son reste.

Une convocation stressante

Astrid a une relation très tendue avec ses supérieurs. Elle pense faire son travail avec tout son cœur et s'impliquer à 100 %, mais elle apprend qu'ils la convoquent le lendemain, avec un risque de recevoir un blâme. Elle est donc très anxieuse. Sur mes conseils, elle prend le temps de se relaxer et de reprendre confiance en elle, ce qui est une condition importante. Elle se met alors à faire le travail d'harmonisation à distance avec comme affirmation : harmonie, entente, solution favorable pour elle. Que pensez-vous qu'il arriva ? Le lendemain, au moment de la réunion, elle apprit que le directeur, celui qui était le plus hostile contre elle, était absent ! La réunion s'est en fait déroulée de manière plutôt détendue. Ses supérieurs ont proposé de la revoir dans six mois pour faire le point sur ses résultats professionnels.

Envoyer de l'énergie purifiante à la Terre

Avez-vous pensé que vous pouviez polluer avec l'énergie qui émane de vous ?

Nous avons besoin du champ électromagnétique de la Terre et de l'Univers pour vivre. Cette énergie, nous l'aspirons par les chakras pour nous nourrir, et par les pores. Quand nous expirons, nous rejetons de l'énergie. Comme notre corps d'énergie est disharmonieux, l'énergie rejetée n'est pas pure. L'énergie rejetée est chargée de nos émotions, de nos pensées positives mélangées à nos émotions et nos pensées négatives ! Nous aspirons de l'énergie vitale pure de l'atmosphère et nous rejetons de l'énergie viciée. Heureusement que l'énergie de l'atmosphère, l'énergie de la Terre sont puissantes et purifient l'énergie que nous rejetons.

En fait, nous polluons beaucoup. Mais nous pouvons peut-être mieux faire. Nous pourrions renvoyer à l'Univers une énergie plus subtile avec des vibrations plus élevées, donner à la Terre en cadeau de belles énergies et de belles pensées…

- Mettez les mains devant les yeux et visualisez la planète Terre.
- Mettez les mains devant vous, paumes en avant comme si vous vouliez toucher une grosse bulle devant vous (voir processus de mise en contact, 3e symbole) et visualisez la Terre devant vous, appelez l'esprit de la Terre.
- Dessinez le 3e symbole, puis le 1er symbole.
- Appelez l'esprit de la planète Terre.
- Dessinez le 1er symbole. Appelez-le.
- Restez en contact.
- Dessinez le 2e et le 1er symbole. Les appeler. Appelez l'esprit de la Terre, et dites l'affirmation : purification.

Pour entrer en contact avec l'esprit de la Terre, faites le processus de mise en contact, puis restez dans l'état neutre de réception. Vous pourrez peut-être entrer en communication avec l'esprit de la Terre. Vous donnera-t-il des informations ?

Le Reiki au quotidien, une boîte à outils universelle

Le rappel qui suit – un mode d'emploi du Reiki au quotidien – embrasse rapidement ce que cette méthode fondée sur des soins énergétiques peut vous apporter. Le plus important, c'est le travail sur soi, le travail de transformation du mental pour changer sa façon de penser, pour changer ses croyances et transformer les émotions négatives. Cependant, comme vous l'avez vu dans les pages précédentes, le Reiki procure également à chacun de nous des outils pour rendre notre vie plus facile, plus agréable. Profitons-en !

Voici un petit récapitulatif des différentes utilisations possibles du Reiki au quotidien.

- **Pour purifier, « énergétiser »,** avec le 1er symbole. Et éventuellement le faire à distance avec le 3e symbole.
- **Pour protéger,** avec le 2e symbole. Et éventuellement le faire à distance avec le 3e symbole.

- **Pour transformer des situations.** Par exemple : pour réussir un examen, un entretien d'embauche, une réunion ; dans une recherche de travail ; dans une recherche d'un appartement ; dans toutes les situations où vous devez patienter alors que vous êtes pressé (les embouteillages, la file d'attente à La Poste, à la caisse du supermarché...) ; pour trouver l'âme sœur...

À tester sur la route...

Sur l'autoroute, si la radio ou votre GPS vous informe qu'il y a un bouchon à quelques kilomètres, faites le travail à distance avec l'affirmation suivante : « Autoroute, la circulation est fluide, ou bien ça roule, roule, roule ! ». Résultat : la circulation sera fluide. Essayez, vous serez époustouflé !

- **Pour s'harmoniser avec quelqu'un ou une situation,** résoudre un conflit, débloquer un problème.
- **Pour renforcer la santé de vos proches,** en agissant sur leur physique avec le 1er symbole, soit en direct, soit à distance. Vous pouvez aussi faire un travail sur leur mental soit en direct, soit à distance. Si la personne est fatiguée, utilisez le 1er symbole. Si la personne est fatiguée mentalement ou si elle est dépressive, utilisez le 2e symbole.
- **Pour travailler sur soi,** sur le plan physique (avec le 1er symbole) ou sur le mental (2e symbole), en direct ou sur son double énergétique.

Partie 4

POUR ALLER PLUS LOIN

1 Le troisième degré : l'initiation à la maîtrise

Après une à deux années de pratique, le praticien Reiki du 2e degré possède la technique Reiki. Avec l'aide des affirmations, il a commencé à changer ses croyances et à développer ses qualités. Il est maintenant prêt à continuer sa transformation spirituelle. Ce degré prépare aussi à la transmission de l'enseignement Reiki aux autres personnes qui le souhaitent.

Auparavant, le Reiki transmis par Mme Takata avait trois degrés. Le troisième était le degré de la maîtrise. L'élève recevait l'initiation de la maîtrise et la formation pour enseigner et transmettre les initiations.

Depuis une vingtaine d'années, un changement s'est opéré.

Comme beaucoup de formations Reiki, à la demande de plusieurs personnes, j'ai accepté de scinder le 3e degré initial en deux niveaux – un 3e degré et un 4e degré.

En créant une étape intermédiaire pour les personnes désirant recevoir l'initiation de la maîtrise sans pour

autant suivre la formation d'enseignant, on a créé un niveau un peu « vide » que chaque maître devra combler par son expérience de techniques complémentaires qu'utilisait Maître Usui : méditation, qi gong*, visualisations…
Ce travail complémentaire dans le nouveau 3e degré aidera l'initié à avancer plus sûrement et efficacement sur le chemin de l'auto-connaissance et de la pacification de l'ego, qui est le vrai travail spirituel. Rappelons qu'un être spirituel ne se reconnaît pas par ses capacités parapsychologiques, ni à de quelconques pouvoirs, mais à son rayonnement vibratoire, à sa compassion et son amour pour tous les êtres, à son état indestructible de paix.

Voici les **15 axes de travail** que je propose dans le cadre du nouveau 3e degré :

1. Le lâcher-prise

Rien n'a vraiment d'importance, rien n'est plus important qu'une autre chose. Tout est illusion. Dans le sens quantique, cela veut que rien n'existe vraiment. Cela veut aussi dire que l'on se trompe facilement sur tout et que l'on mélange et confond tout, et surtout que nul ne sait ce qui est vraiment bon pour lui. C'est un bon mantra* que cette affirmation : « Je lâche prise sur tout, tout, tout… » Ce qui ne veut pas dire que vous n'allez plus rien faire ! Non, c'est plutôt un bon moyen pour éviter la procrastination, les pensées obsessionnelles, le perfectionnisme. Le lâcher-prise vous libère de vos peurs, de vos désirs, des peurs de vos désirs… Il vous permet de sortir du doute et de l'hésitation, de faire confiance à votre intuition.

2. Apprenez à ne plus être seul

Donnez de la place dans votre vie à la vie, à vos guides de lumière, au Christ, au Bouddha, à Marie, à la Divine Providence… Vous n'êtes plus seul : c'est mieux à deux, à plusieurs !

3. Apprenez à demander, et vous recevrez !

Faites le Reiki avec les affirmations. Les affirmations sont comme des demandes faites à l'Univers, à Dieu.

4. Visualisez les symboles

La visualisation du 1er symbole permet de renforcer le corps, tout en libérant les tensions. Il apporte de l'énergie, donc la « guérison ». C'est aussi une forme de méditation, un moyen d'apaiser l'esprit.

En pratique : faites cet exercice couché, pendant 15 minutes pour commencer (vous pouvez augmenter ce temps par la suite). Visualisez le 1er symbole dans votre tête, votre poitrine, votre ventre, votre bassin. Visualisez-le ensuite dans les articulations : épaules, coudes, poignets, mains, hanches, genoux, chevilles, pieds.

Vous pourrez aussi avec le souffle faire circuler le 1er symbole dans votre corps, de la tête au périnée, des épaules vers les mains, des hanches vers les pieds.

5. Les corps subtils* (corps causal, mental, astral, éthérique, physique)
Exemple avec le corps mental :
Pour illustrer le processus du travail sur les corps subtils, suivons les étapes successives à travers une personne qui pratique le Reiki.
Processus de mise en contact : Marie met les mains devant les yeux et dit dans sa tête « mon corps mental ». Elle met ensuite ses mains devant elle, les paumes vers l'avant, tout en imaginant que son corps mental (son corps invisible qui pense) est devant elle. Marie dessine le 3e symbole, puis le 1er, elle les appelle, puis elle appelle « mon corps mental ». Elle dessine ensuite devant elle le 1er symbole pour donner de l'énergie à cette mise en contact. Elle dessine un grand premier symbole pour envoyer de l'énergie à son corps mental.
Travail sur le mental : Elle dessine ensuite le 2e symbole, puis le 1er, elle les appelle. Elle appelle ensuite « mon corps mental » et dit l'affirmation : « Lumière et vivacité, intelligence pour mon corps mental ! » Marie reste tranquille, dans la joie et imagine son corps mental lumineux et plein de dynamisme. Enfin, elle se frotte les mains pour se déconnecter.

6. Les cinq éléments primordiaux
Les cinq éléments primordiaux (l'Akasha*, le feu, l'air, l'eau et la terre) sont les briques vibratoires

magnétiques et électriques constituant les atomes de nos différents corps mentaux ; astral, éthérique et physique. C'est un travail très intéressant, important pour la transformation de nos capacités mentales liées aux notions d'intelligence, d'amour, de magnétisme, d'abondance qu'il est très difficile de changer.
Remarque : le travail avec les éléments et les symboles Reiki est spécifique au Reiki SAMMARA, il ne nécessite pas une connaissance plus approfondie des cinq éléments.
Voilà comment se déroule ce travail :

- Situation : vous et l'élément Akasha* à l'intérieur de moi.
- Processus de mise en contact : je mets les mains sur les yeux et j'appelle : élément Akasha en moi, 3 fois.
  - Je mets les mains en contact, c'est-à-dire que je mets les deux mains en avant, paumes en avant.
  - Je dessine le 3e symbole, puis le 1er, j'appelle le 3e symbole ensuite le 1er, puis je dis : « élément Akasha en moi ».
  - Je dessine le 1er symbole pour augmenter le contact.
  - Je renforce l'Akasha en moi en dessinant un grand 1er symbole devant moi.
- Travail sur le processus mental : je dessine le 2e et le 1er symbole. Je les appelle, puis j'appelle l'Akasha en moi. Enfin, je dis l'affirmation : « renforcement de l'élément Akasha en moi

et harmonie de l'élément Akasha avec tous les autres éléments dans tous mes corps ».

Et ainsi de suite avec tous les éléments.

Exemple avec l'élément Feu :

- Processus de mise en contact : je mets les mains sur les yeux et dit : « élément Feu de mon corps », puis je mets les mains en avant et dessine le 3e symbole, puis le 1er symbole. Je les appelle et ensuite appelle l'« élément Feu de mon corps ».
- Renforcement de l'élément Feu en moi : je dessine un 1er symbole devant moi.
- Travail sur le processus mental : je dessine ensuite un 2e symbole, puis le 1er, les appelle. J'appelle ensuite : « élément Feu de mon corps », et dit l'affirmation : « Purification divine de l'élément Feu en moi, harmonie de l'élément Feu en moi avec les autres éléments.» Pour déconnecter, je me frotte les mains.

7. La transformation des négativités en positivités

Ces soins sur le mental se font directement sur soi avec affirmation, le matin au réveil et le soir avant de s'endormir (ce sont les deux moments où les effets seront au maximum).

Voici quelques négativités auxquelles on ne pense généralement pas…

- L'impatience : « Je transforme l'impatience en patience infinie. »

- La paresse : « La paresse est dissoute, je suis actif. »
- L'inertie : « L'inertie se transforme en action, ou j'agis dès que j'ai fait mon choix. »

Faites la liste des « excusites* », toutes ces petites excuses pour ne pas changer ou ne pas agir, et travaillez tous ces points.

8. Le travail sur le mental et sur l'inconscient

Situation : moi et mon inconscient

- « Énergétisation », purification : je mets la main gauche sur l'occiput et je dessine un 1er symbole au-dessus de la tête avec la main droite. Je pose la main sur le sommet de la tête.
- Je dessine avec la main droite le 2e, puis le 1er symbole au-dessus de la tête et je pose la main sur le sommet de la tête.
- Je dis à haute voix (affirmation) : « toutes mes peurs sont transformées maintenant en confiance ». Je peux remplacer « peurs » par douceur, tendresse, bonté, joie, légèreté, abondance, prospérité et action. En choisir deux ou trois, à faire pendant une semaine, puis changer.
- Visualisation : je visualise de la lumière dans tout le corps avec le sourire.

9. Libération et guérison de son passé

En travaillant sur son passé, on change son avenir. Le travail consiste à envoyer de l'énergie sur la période choisie et de faire un travail sur le mental de la situation avec une affirmation.

- ***La dernière vie antérieure***. Situation : moi pendant la dernière vie antérieure. Envoyez de l'énergie avec le 1er symbole. Ainsi, vous donnez de l'énergie et vous purifiez votre vie antérieure. Si vous modifiez votre vie antérieure ou votre passé, vous modifiez votre présent et votre futur ! Votre karma change, vous changez votre karma*.
- ***Travail sur le karma :*** prise de contact en s'appelant (moi et le Maître du karma par exemple). Je mets les mains devant les yeux, j'appelle « moi et le Maître du karma ». Je mets les mains en avant et je dessine le 3e et le 1er symbole, je les appelle. J'appelle « moi et le Maître du karma ». Je dessine le 1er symbole pour renforcer le contact.
  Je dessine le 2e et le 1er symbole, je les appelle. Je dis « moi et le maître du Karma » avec l'affirmation « adoucissement du karma ou « je demande au Maître du karma d'adoucir mon karma ».
  À faire le samedi de préférence, samedi est le jour du karma.
- ***Travail sur le moment de la conception :*** 1re minute, 1re heure, 1er jour, 1re semaine…
- ***Travail sur la période :*** pendant la grossesse, mois par mois.
- ***Travail sur le moment de la naissance :*** la 1re minute, 1re heure, 1er jour, 1re semaine, 1er mois, 2e mois, 3e mois, 7e mois, 8e mois…

- ***Travail sur la période,*** par exemple petite enfance et enfance (1re année, 2e, 3e ,4e, 7e…) adolescence (13e année, 14e…), âge adulte (18e année, 19e, 20e…).
- ***Travail sur les jours anniversaires.***
- ***Travail sur les traumatismes de l'enfance et adolescence :*** événements associés à de grandes peurs, des sentiments d'abandon, des violences, une sensation d'insécurité, une agression, un deuil, une séparation des parents, un enfant non désiré…
  Exemple : Violences physiques et verbales subies pendant l'enfance.
  Remémorez-vous une situation, une scène précise. Laissez l'émotion remonter, vivez intensément l'émotion jusqu'à ce qu'elle s'estompe d'elle-même. C'est le moment le plus délicat. Ne fuyez pas : ne pensez pas à autre chose, ne vous levez pas pour faire autre chose. Ne bougez pas. Au contraire, acceptez de ressentir la douleur qui accompagne cette mémoire. Pleurez, criez, ragez, laissez cette émotion s'en aller une fois pour toutes. Quand l'apaisement est revenu, vous pouvez faire le travail suivant :
  - Harmonisez votre aura.
  - Mettez une main sur l'occiput, avec l'autre main dessinez le 2e symbole, puis le 1er symbole au-dessus de la tête. Posez la main sur le sommet du crâne.
  - Appelez-les. Dites ceci : « Je décide aujourd'hui en toute conscience avec l'aide

de (Dieu, Jésus, Marie, Bouddha, Mahomet, l'Univers, la Lumière, la Terre, mon grand-père...) d'effacer en moi toutes les mémoires de souffrances en relation avec les violences subies, perçues, comprises, intégrées en moi et infligées de façon consciente ou inconsciente de la part de mes parents, de mon père, de ma mère, de mes frères, de mes sœurs, de mes camarades d'école... maintenant et pour toujours. »

- ***Travail sur les transferts des comportements parentaux :*** parents dépressifs, parents pessimistes, parents violents, parents alcooliques, parents dépendants des enfants, parents qui jugent ou critiquent en permanence, parents peureux, parents absents, parents hyper-protecteurs, parents mutiques.

  À noter : les enfants ressemblent à leurs parents, en tout cas dans certains comportements. Les enfants veulent parfois être différents de leurs parents lorsqu'ils ont souffert (peut-être trop) de leurs comportements. Mais les chiens ne font pas des chats, il y a des comportements inconscients qui ne peuvent être maîtrisés, et qui surgissent à l'improviste malgré la vigilance dont les intéressés font preuve. Donc, il est nécessaire d'être très vigilant et honnête pour déceler ces subtilités.

  Utilisez le processus de travail sur le mental.

  Exemples d'affirmation à utiliser dans ce travail :

  « Je décide d'effacer en moi toutes les mémoires

de dépression ou de violence, d'addiction à l'alcool, de comportements de dépendance, d'injustice, de critiques en permanence, de jugements, de peur de faire, de peur de l'abandon, de peur du rejet, de peur du conflit, de peur de l'isolement… que j'ai reçues, perçues, intégrées de manière consciente ou inconsciente de la part de mes parents depuis ma conception jusqu'à aujourd'hui et pour toujours. »

- ***Travail sur le transgénérationnel.*** Avec l'affirmation suivante : maintenant, en toute conscience et avec l'aide de l'énergie de l'Univers ou de Christ ou de…, je décide d'effacer toutes les mémoires d'agression, de violence, de punition, d'injustice, de souffre-douleur, d'esclavage… subies, intégrées de manière consciente ou inconsciente par mes parents, grands-parents, arrière-grands-parents… jusqu'à la 7e génération !

10. Les traumatismes à l'âge adulte

Conflits avec les parents, conflits dans le couple, deuils, pertes d'emploi, divorces, agressions, situations dangereuses engendrant des frayeurs, maladies graves, hospitalisations, traitements agressifs, opérations chirurgicales, accidents de la route, autres accidents… Ces traumatismes étant récents, ils sont donc plus facilement identifiables.

L'affirmation à utiliser est la suivante : « Je décide d'effacer en moi toutes les mémoires de… »

11. Les émotions négatives et angoisses

Il est possible de travailler sur tout le panel des émotions :

- Les culpabilités : la culpabilité de ne pas être à la hauteur des espérances des parents, la culpabilité de ne pas avoir réussi, de ne pas travailler assez, de ne pas être courageux/volontaire, de ne pas être juste…
- Les peurs : de l'abandon, de l'insécurité, de la violence, de la punition, du conflit, de ne pas réussir ou de l'échec…
- Les manques : d'amour, d'affection, de douceur, d'attention, d'argent, de soutien…
- L'impatience, l'agitation, l'énervement, la colère, l'agressivité, l'intempérance…
- Le découragement, le sentiment d'injustice, le sentiment d'étouffement…
- La jalousie, l'envie, la haine, la colère.

12. La récupération des énergies

Nous laissons une trace énergétique partout où nous sommes allés, où nous avons vécu. Que cette trace soit positive ou négative, nous devons tout récupérer. Car chaque trace que nous laissons, c'est un peu de nous-même que nous abandonnons. Notre énergie est en fait dispersée dans l'espace et notre esprit un peu aussi. Chaque trace d'énergie contient un peu de notre conscience. Au fil des années, la somme de ces traces finit par devenir une quantité non négligeable. C'est une perte d'énergie. C'est aussi une

dispersion de notre conscience. Récupérer ces traces, c'est récupérer beaucoup d'énergie et de conscience. C'est bon pour la santé physique et mentale.
Il est nécessaire de récupérer toutes les énergies que nous avons laissées sur les lieux où nous avons vécu depuis notre naissance :

- Maisons, appartements, lieux d'habitation, village ou ville.
- Écoles maternelles, élémentaires, collèges, lycées, facs, écoles sup ou spécialisées.
- Lieux de travail.
- Maisons des parents ou des amis où nous avons passé du temps.
- Lieux que nous avons fréquentés assidûment dans le passé : salles de sport, piscines, cinémas, librairies, magasins, marchés, hôpitaux, rues dans lesquelles on est passé tous les jours pour aller à son travail ou faire nos promenades favorites, restaurants, parcs…

La marche à suivre dans ce cas est la suivante :

- Mise en contact en visualisant ou en vous appelant avec le lieu (par exemple : Dany et son ancien foyer situé à…).
- Dessinez le 2e, puis le 1er symbole : vous vous appelez avec le lieu.
- Utilisez l'affirmation : « Que toutes les énergies qui m'appartiennent et que j'ai laissées sur ce lieu me reviennent maintenant immédiatement. »

De la même manière, on peut récupérer les énergies que l'on a transmises aux personnes avec lesquelles nous avons eu des relations, et surtout aux personnes que l'on aime bien : épouse, époux, enfants, parents, amis, collègues…

La marche à suivre dans ce cas est la suivante :

- Mise en contact en visualisant ou en vous appelant avec les personnes.
- Dessinez le 2e, puis le 1er symbole : vous vous appelez avec le lieu.
- Utilisez l'affirmation : « Je récupère toutes les énergies qui m'appartiennent et que j'ai laissées dans l'aura de telle personne. » Enfin, renvoyez aux personnes les énergies qui leur appartiennent. Cela permet de nettoyer votre aura. Utilisez l'affirmation suivante : « Je renvoie à telle personne toutes les énergies qui lui appartiennent. »

13. Le travail à distance pour autrui

Ce travail peut être fait pour les soins (douleurs ou maladies) ou pour le nettoyage/la purification, comme cela a déjà été vu dans le 2e degré. Avec une longue pratique à distance, vous aurez une bonne visualisation de la personne. Vous pourrez voir les énergies négatives sur la personne, et les enlever à l'aide de vos mains ou avec votre pensée.

14. Le travail sur l'ADN

Pour les maladies graves, les dépressions, les gros soucis du quotidien, pour les changements de situation…

Prise de contact : moi et mon ADN

Affirmation : « Mon ADN est purifié, je suis en pleine forme, en pleine santé. »
Condition pour bien réussir : souriez de tout votre cœur. Quand vous êtes heureux, l'ADN se relâche et se déroule. Si vous êtes stressé, il y a une tension dans l'ADN, et il a tendance à s'enrouler et se resserrer.

15. La mise en contact
Toujours selon le principe « demandez et vous recevrez »
Avec Usui, Mme Takata
Avec les grands maîtres spirituels
Avec Jésus, Marie…
Avec la Terre, la Lune…

2 Reiki et qi gong

Le qi gong* est à la fois source de sagesse, source de santé et de spiritualité. C'est en quelque sorte le vecteur qui permet de gagner en lucidité et, par voie de conséquence, de prendre les décisions justes. Tout comme le Reiki qu'il peut compléter, cet art énergétique chinois connaît une multitude d'écoles et de courants. Influencé par le taoïsme, le qi gong a cependant intégré plusieurs notions et un bon nombre de pratiques issues du bouddhisme. Bien que plus connu en Occident pour les exercices de bien-être et les démonstrations d'arts martiaux, le qi gong fait cependant partie intégrante de la médecine traditionnelle chinoise*, et des maîtres de cette discipline sont réputés pour soigner « par imposition des mains ». Maître Usui a aussi enseigné le qi gong. Étant moi-même enseignant de qi gong, je vous propose, après un bref rappel historique sur l'origine de cette pratique, plusieurs exercices que j'ai mis au point personnellement pour associer le Reiki et le qi gong.

Petit rappel historique sur le qi gong

Le qi gong remonte à presque 4000 ans av. J.-C. Il a été mis au point au fil des siècles par des chamans, sorciers prêtres guérisseurs qui vivaient dans les deux mondes, le monde des humains et le monde des esprits ou le monde de l'énergie.
À l'époque, les proto-Chinois (les ancêtres des Chinois) étaient comme tous les autres des chasseurs-cueilleurs avant de devenir des cultivateurs. Chasser n'était pas si évident, surtout pendant certaines saisons où le gibier était rare.
La nuit, les chamans entraient en transe. Leur esprit se mettait en connexion avec les esprits des animaux, en se mélangeant avec eux. Les esprits entraient en communication, et les chamans pouvaient recevoir des informations de l'esprit même des animaux. Ce qui leur a permis de développer leur connaissance intime des animaux. Ils connaissaient tout d'eux : leurs mœurs, leurs besoins, les périodes de reproduction, les lieux de chasse et surtout leurs forces et leurs faiblesses. Ils en vinrent à créer le qi gong* des animaux, des enchaînements de mouvements pour s'approprier la force et la rapidité des animaux.
En pratiquant ces exercices de manière plus approfondie, les chamans ont aussi compris qu'ils pouvaient ouvrir leur conscience au monde de l'énergie. Ainsi, naquit la marche des cinq animaux, le qi gong de la grue, le qi gong des oies sauvages, le qi gong

de l'esprit et de la sagesse, le qi gong des quatre animaux divins, le qi gong de la conscience ou encore le qi gong de la paume du Bouddha ou Healing Tao (le tao de la guérison), qui développe le *qi*, fluidifie la circulation du *qi,* stimule le *qi* des mains, l'ouverture des centres de l'énergie de la paume et des extrémités des doigts, pour pouvoir guérir avec les mains et transmettre le *qi* et les couleurs. Le qi gong de base servait aussi pour renforcer le corps en augmentant la force, l'endurance pour la chasse et les combats. C'est ce que l'on appelle qi gong de la chemise de fer.

Plus tard, le qi gong des maîtres taoïstes a permis d'acquérir la longévité, puis l'immortalité et ensuite la réintégration volontairement dans le Tao. Les maîtres du Tao comme les maîtres bouddhistes se dissolvaient dans un éclat de lumière. Quand les gens voyaient un arc-en-ciel, ils pensaient qu'un maître retournait dans le ciel.

Il existe aussi :

- le qi gong alchimique, un ensemble de techniques de méditation et de transformation de l'énergie de base en énergie spirituelle (transformer la pierre en lumière) ;
- le qi gong des cinq éléments : qi gong qui purifie l'énergie de chaque organe, aussi bien au niveau physique, énergétique qu'au niveau des émotions et des sentiments ;
- les petit et grand circuits célestes : circuits énergétiques qui harmonisent l'énergie dans tout le

corps et transforment le *qi* de base en *qi* spirituel ;
- l'ouverture du canal central : le canal transforme le *qi* déjà raffiné en énergie spirituelle. Il a une action forte sur l'inconscient et sur le subconscient. Le travail consiste à construire un canal énergétique au centre du corps qui permet la connexion avec l'Univers et avec la Terre.

Postures de qi gong pour « booster » son énergie

En pratique, voici quelques exercices très simples pour augmenter son énergie et se purifier avec l'énergie Reiki. Le qi gong* est vaste comme le Reiki est vaste. On ne peut tout faire et tout connaître. C'est plus que suffisant que de faire les exercices suivants. Pratiquer le Qi gong Reiki nous mène aussi à un autre niveau de conscience !
Ces exercices nous renforcent et augmentent notre capacité de visualisation et de concentration.

La tenue vestimentaire

Les vêtements doivent être amples pour permettre la libération des articulations des épaules, des genoux, du bassin, etc. Aux pieds, chaussettes, chaussons de gymnastique ou chaussures souples, ou bien de sport en cas de pratique en plein air, sont de rigueur. N'oubliez pas de retirer gourmettes et colliers qui pourraient entraver les mouvements.

Exercice n° 1 : la balle d'énergie

Visualisez **une balle** ou **une boule** invisible d'énergie **entre les mains**. Au début, ne travaille que l'imagination. Mais, au bout d'un peu de pratique, vous sentirez comme une consistance élastique, étirable et comprimable entre les mains, comme un ballon que vous pouvez déformer.

1. Remplissez la balle de *qi* avec le Reiki pour nourrir les poumons.
Pour ce faire, tenez une balle d'énergie dans une main, dessinez le 1er symbole sur la balle d'énergie avec l'autre main, puis tenez la balle à deux mains. Ou bien tenez la balle à deux mains et visualisez le 1er symbole dans la balle.
Pour prendre cette énergie, il y a deux façons de faire.

- Portez la balle devant le nez et inspirez-la en remplissant bien les poumons pour fortifier les poumons et le corps.
- Inspirez en aspirant la balle d'énergie directement par les mains pour remplir les poumons et tout le corps.

2. Remplir la balle de *qi* avec le Reiki pour nourrir le corps physique et mental.
Visualisez ou dessinez le 2e et le 1er symbole dans la balle, avec l'affirmation : « Énergie de l'Univers nourrit mon corps, purifie et renforce mon corps » ou « Joie, légèreté ou puissance divine. » Aspirez la balle ou portez-la au-dessus de la tête. Faites descendre la balle de la tête aux pieds, puis envoyez-la dans la terre.

3. Placez-vous dans une sphère remplie d'énergie Reiki.
Visualisez que vous êtes dans une grande sphère remplie d'énergie. Visualisez un grand 1er symbole, restez dans le non-agir. Visualisez le 2e, puis le 1er symbole : dites : « Joie, légèreté, bénédictions divines, prospérité, abondance… » Tout ce que vous désirez !

4. Inspirez et soufflez cette énergie de la sphère dans tout votre corps et visualisez la sphère qui diminue jusqu'à se coller sur votre peau. Ou bien visualisez et sentez que, à chaque inspiration, votre corps se gonfle de plus en plus jusqu'à occuper toute la place dans la sphère.

5. Ensuite, faites l'inverse : expirez et rejetez l'air chargé de l'énergie Reiki dans la sphère. Donc, soit la sphère reprend sa forme, soit votre corps diminue de volume jusqu'à reprendre sa taille normale. Enfin, faites éclater la sphère pour rendre le *qi* à l'Univers.

6. N'oubliez pas de remercier l'Univers pour son *qi* en souriant !

7. Visualisez un grand 1er symbole de votre taille devant vous. Ensuite, vous aspirez soit par la bouche ou le nez, soit par tous les pores (c'est encore mieux) l'énergie de l'Univers, en visualisant l'énergie qui traverse le 1er symbole en pensant et en disant à haute voix : « L'énergie de l'Univers me nourrit, me renforce, me purifie et harmonise toutes mes énergies ! »

8. Tenez la boule de *qi* devant le bas-ventre (*dan tien**). Écartez les mains en inspirant, puis serrez les mains en expirant (vous concentrez le *qi*). Faites cela trois fois. Dessinez le 1er symbole dans la boule. Mettez ensuite la boule de *qi* dans le *dan tien.* Faites ensuite la même chose au niveau de l'estomac, puis au niveau du cœur, et enfin au niveau du front.

9. Visualisez une sphère au-dessus de votre tête avec le premier symbole à l'intérieur. Cette sphère est reliée au sommet de la tête par un canal qui descend à l'intérieur du corps jusque dans le bas-ventre : le *dan tien**.
Inspirez l'énergie de la sphère qui remplit le canal jusque dans le *dan tien*. Faites-le sept fois.
Inspirez le *qi* jusqu'au périnée*, expirez en soufflant le *qi* hors du périnée jusqu'au centre de la Terre. Inspirez, le *qi* remonte du centre de la Terre jusqu'au périnée, en expirant soufflez le *qi* du périnée vers la sphère. Faites-le sept fois.

10. Dissolvez la sphère avec un sourire.

11. Aspirez l'énergie Reiki dans le cœur.
Visualisez le 1er symbole le plus haut possible (le top, c'est de dessiner le premier symbole sur la Grande Ourse et l'étoile polaire). Et aspirez cette énergie par le sommet de la tête jusque dans votre cœur. Visualisez cette énergie qui descend en prenant la couleur violette. Ressentez la force douce et la fraîcheur qui vous apaise.

Exercice n° 2 : les mouvements Ciel-Terre

Les mouvements Ciel-Terre et Terre-Ciel (voir exercice n° 3) sont très importants, très puissants, très efficaces pour nourrir notre corps. N'oublions pas que l'être humain est né de l'union du Ciel et de la Terre. Ces deux exercices reproduisent cette union du Ciel et de la Terre, c'est-à-dire l'acte de création de l'être. Je pense que la plupart des pratiquants des qi gong ignorent cela et n'en tirent pas tout le profit que peuvent apporter ces deux exercices. Bien pratiqués, j'ose même dire sans crainte qu'ils peuvent guérir toutes les maladies. (La pratique d'une heure, deux fois par jour, de cet exercice requiert volonté, discipline et patience.)

- Mettez-vous en position de départ : debout, pieds joints, les bras tendus sur le côté.
- Levez les bras par le côté. Imaginez que vos mains vont très loin dans le ciel.
- Quand les mains arrivent au-dessus de la tête, prenez une grande boule d'énergie.
- Baissez les mains vers le sommet de la tête.
- Faites entrer l'énergie par le sommet de la tête pour nourrir votre corps, tout en continuant à baisser les mains.
- Quand les mains arrivent au niveau de l'estomac, pliez un peu les genoux.
- Envoyez le *qi* jusque dans les pieds, puis dans la terre.
- Recommencez le cycle six fois.

Exercice n° 3 : les mouvements Terre-Ciel

- Mettez-vous en position de départ debout, pieds joints, les bras tendus contre le corps.
- Écartez un peu les mains sur les côtés dans le prolongement des épaules.

- Baissez les mains en pliant un peu les genoux, puis envoyez les mains énergétiques le plus loin possible dans la terre. Visualisez que vous prenez une grosse boule de *qi*.
- Remontez les mains paumes vers le haut devant les jambes, puis devant le corps. Quand les mains arrivent au niveau de l'estomac, les jambes sont tendues. Continuez de monter les mains. Quand les mains arrivent au niveau de la poitrine, elles commencent à se tourner pour arriver paumes vers le haut au-dessus de la tête.
- Poussez les mains jusqu'à ce que les bras soient tendus.
- Baissez les mains par les côtés. Quand les mains arrivent au niveau de l'estomac, commencez à plier un peu les genoux.
- Quand les mains arrivent loin dans la Terre, prenez une boule de *qi*.
- Recommencez le cycle six fois.

Exercices n° 4 : concentration et visualisation

Ces exercices permettent de maîtriser le corps physique et mental, de développer la concentration et la faculté de visualisation.

- Asseyez-vous sur une chaise et restez dans la position 15 minutes sans bouger. Prolongez chaque semaine ce temps de 5 minutes, jusqu'à atteindre 1 heure.
- Restez 2 minutes sans penser. Ajoutez une minute chaque semaine pour arriver à 5 minutes.

- Retenez une image pendant 20 secondes. Augmentez chaque semaine de 10 secondes pour arriver à 2 minutes.
- Regardez un objet sans fermer les yeux pendant 1 minute. Augmentez chaque semaine de 1 minute pour arriver à 20 minutes.

BONUS VIDÉO

Retrouvez les vidéos des 4 exercices de qi gong pour compléter votre pratique du Reiki : le balancement, la balle d'énergie, les mouvements Ciel-Terre et le dragon (voir p. 2).

Témoignages

Un formidable épanouissement personnel

« Le qi gong est arrivé dans ma vie il y a six ans. Au début, je pensais que c'était une forme de gym douce, je faisais des mouvements mais je ne comprenais pas ce qui devait se produire. J'ai tout de même persévéré, puis un jour ça a été la révélation totale. J'ai senti l'énergie, j'ai ressenti un effet « waouh » ! Tout s'est enchaîné très vite, les portes se sont ouvertes une à une. »

Sylvianne, 28 ans

Un lâcher-prise salutaire

« Il y a deux ans, j'ai participé à des séances de qi gong. Au début, je m'attendais à découvrir quelque chose de nouveau sans savoir trop quoi au juste. J'étais assidue mais rien ne se passait, j'étais juste contente d'être là. Un jour, j'ai vraiment lâché prise et j'ai ressenti les énergies : un bien-être m'a enveloppée. Je me rends compte que j'avais procédé de la même façon pour le Reiki. »

Mélanie, 31 ans

Et Dieu dans tout ça ?

Le Reiki n'appartient pas à une religion. Le Reiki est l'Univers, il attend que vous viviez de Lui et avec Lui comme vous vivez du soleil, de l'air, de la nature (aliments). Mme Takata a supprimé de l'enseignement Reiki tout ce qui est en relation avec l'enseignement bouddhiste. Il ne reste que les symboles. Les symboles sont universels. L'action et l'efficacité des symboles ne dépendent que de notre esprit particulier uni à l'Esprit universel, de nos croyances…

- Le 1er symbole veut dire « Que l'énergie de l'Univers se concentre en ce point ». Pouvez-vous comprendre et ressentir la puissance* de ce symbole ?
- Le 2e symbole enseigne que « Dieu et l'homme sont Un ». En tant qu'enfants de Dieu ne sommes-nous pas de la même « nature », donc n'avons-nous pas toutes les capacités et les attributs de Dieu ? Ne ressentez-vous pas la Puissance de Dieu en vous ? Vous autorisez-vous à être un enfant de Dieu ? Sachons que nous ne faisons rien sans Dieu. Nous demandons et c'est Lui qui

agit, ou tout ce qui existe par Lui. Même quand nous créons avec notre esprit ou nos mains, Dieu s'exprime à travers tout ce qui existe qui est Lui et une part de Lui-Même (comme nous). Notre esprit est Dieu et la matière est Dieu. Il nous a donné le libre arbitre. Alors, nous pouvons soit Lui demander de l'aide, c'est-à-dire de laisser Dieu s'exprimer à travers nous dans nos pensées, nos paroles et nos actions – c'est un choix*, l'impossible devient possible parce que nous l'avons permis –, soit tout faire par nous-même avec nos capacités, qui même si elles sont spectaculaires, sont insignifiantes devant l'expression divine.

- Le 3e symbole nous dit « le Dieu en moi va vers le Dieu en toi pour amener lumière et amour. Je suis Un avec toi ». La science actuelle a démontré qu'il n'y a pas de temps et d'espace au centre de la matière donc de l'Univers. Si l'esprit humain peut le concevoir, c'est que son Esprit est partout ! Comme l'Esprit de Dieu. Tout devient possible.

Dieu est omniscient, omnipotent. Il est conscience. Tout vient de Lui et tout se crée à partir de Lui. Tout vit à partir de Lui. Il est la Source, en énergie, matière, lumière, conscience. Le Reiki est aussi une énergie conscience, qui vit autour de nous et en nous, identique à Dieu, car il fait partie de Dieu, comme nous-même. C'est une conscience énergie intermédiaire qui nous comprend ainsi que tout l'Univers.

Nous pouvons nous adresser au Reiki comme nous pouvons nous adresser à l'Univers, qui contient tout ce que nous connaissons en tant qu'énergie matière, comme les peuples premiers communiquaient avec les montagnes, les lacs, la mer, la lune, le soleil, le ciel insondable. Ce sont des énergies qu'ils comprenaient. Avec la science actuelle, nous avons ouvert notre conscience à un univers plus vaste, mais nous ne faisons que repousser les limites de l'Univers. Dieu restera un mystère, le Reiki aussi, notre esprit également. L'essentiel n'est-il pas que notre esprit soit capable d'appréhender l'Univers et de le comprendre de plus en plus et de mieux en mieux ? L'essentiel n'est-il pas de comprendre, de prendre conscience, en ce qui nous concerne, que la beauté du monde vient de la beauté de notre regard ? Mais l'essentiel n'est-il pas de vivre heureux ensemble ? Nous pouvons le faire. Pourquoi ne le faisons-nous pas ?

Le Reiki et le New Age

J'ai rencontré beaucoup de personnes qui ne croient pas ou plus en Dieu. Je respecte leur choix. Ils ont remplacé Dieu par la Lumière, l'Univers, une Force loin du Dieu le Père tout-puissant et punissant. Beaucoup préfèrent une force plus maternelle, plus douce, plus nourricière, plus protectrice comme l'esprit de la Nature.

Aimons la nature, l'Univers. Apprenons à les respecter. Gardons-nous de tout détruire. Mais ne vénérons pas la nature, l'Univers. Ne vénérons que Dieu, il est plus que cela, il est hors de notre portée.

Il n'y a pas de bien ou de mal dans la Création ou dans l'Univers. Ressentez-vous la puissance d'une étoile qui meurt comme notre Soleil dans quelques millions d'années ? Une explosion ou une implosion : douloureuse ? Effrayante ? Splendide ? Dévastatrice ? Y avez-vous songé ? Cela vous laisse indifférent ? Cela vous dépasse ? Vous adorez ? Avez-vous vu des photos ou des vidéos de la rencontre de deux galaxies ? Qu'en pensez-vous ? Sont-ce deux Titans qui s'entre-tuent ? Ou une rencontre amoureuse comme certaines passions enflammées ? Une future naissance, une nouvelle galaxie plus grande, plus belle encore ?

Un enfant qui tombe par terre, est-ce bien ou est-ce mal ? Il peut se faire mal (douleur). Et ce que vous ressentez : est-ce que c'est un mal (votre souffrance) ou est-ce que c'est un bien (il sera plus attentif) ? C'est notre corps astral*, le corps émotionnel qui colore tout en bien ou en mal. Ce que nous étiquetons « bien » est-il réellement « bien » ? Inversement pour le mal…

Le Reiki est pour tous ! Le Reiki est l'Énergie, l'origine ou source sans étiquette de toutes les énergies, à notre disposition si nous sommes à son service, si nous participons à sa volonté de s'exprimer dans ce monde dans toutes ses fréquences, dans ce qu'il y a de plus beau et de moins beau… Le Reiki nous invite à une participation volontaire et responsable à la création du monde à venir avec amour, compassion et beauté.

Consulter un praticien Reiki

Tout au long de ce livre, j'ai voulu faire passer le message que le plus important, c'est vous. La seule personne qui doit changer, évoluer, c'est vous. Si nous voulons un monde meilleur, c'est nous qui devons devenir meilleurs. Il est essentiel de transformer nos egos, et de faire de notre vie de douleurs une vie de joie et d'amour.

C'est pourquoi je donne plus d'importance à l'auto-traitement, à l'équilibre des chakras, au travail sur soi à distance sur le physique comme sur le mental.

Nous ne sommes pas venus au monde pour être des sauveurs. Car chacun a ses responsabilités, et en premier lieu être en bonne santé physique et mentale pour participer à la création d'un monde meilleur.

En étant enfants de Dieu, nous avons la capacité d'aider autrui, d'aider le plus faible, le plus malheureux pour ponctuellement le soutenir un bout de chemin. Nous avons d'abord à nous occuper de notre famille, de nos proches, nos amis. Voilà pourquoi je place en dernier le Reiki professionnel.

Je vous ai expliqué ce qu'est l'initiation Reiki* et quel était son rôle. L'initiation permet d'utiliser l'énergie Reiki, en particulier pour harmoniser l'énergie du corps et par conséquent soulager les symptômes, pour apporter du bien-être.

Je vous rappelle que les personnes qui possèdent le don de magnétisme ne sont pas obligées de recevoir l'initiation Reiki pour soulager les gens (bien que je connaisse plusieurs magnétiseurs initiés au Reiki). Le magnétiseur a un don de guérison, souvent limité à certaines maladies. En prodiguant les soins Reiki, il s'ouvre à de nouveaux potentiels.

N'importe qui peut consulter un praticien Reiki. Pour recevoir du Reiki, il n'est pas nécessaire d'être malade, dépressif, de faire un *burn-out*, d'être atteint d'un cancer… On peut recevoir du Reiki parce que l'on est un peu fatigué et que l'on désire rester en forme pour soi, pour sa famille, pour son travail…

Quand on parle du Reiki, on parle souvent du bien-être, du soulagement, de la détente que l'on ressent.

Avec le praticien, vous pouvez définir les affirmations pour un travail sur le mental, pour une vie meilleure, pour sortir des situations d'impasse, de conflits, d'échec sentimental ou professionnel… C'est le vrai travail, un travail à long terme qui demande patience et courage.

En complément du soin, le praticien peut vous aider dans certaines situations : harmonisation dans votre vie de couple, votre vie de famille ou au travail…

Consultez d'abord le médecin quels que soient vos problèmes, puis allez voir un praticien Reiki.

Voici une liste non exhaustive de pathologies pouvant être soulagées par le Reiki en complément du traitement médical.

- Toutes les douleurs aiguës et chroniques : maux de tête, tendinites, lombalgie, cervicalgie, douleur articulaire, douleur musculaire…

- Toute atteinte organique ou systémique : gastrite, toux chronique, constipation, trouble de digestion, nervosité…
- Dépression légère, stress, fatigue, surmenage…

Conclusion

Le Reiki est mystérieux, comme le Tao.

Le Tao est à l'origine de toute chose dans la philosophie chinoise taoïste. Il n'a pas de nom. Le Reiki est invisible, et il est partout. Comme le vent qui déplace les nuages. On ne voit pas le vent, mais on peut mesurer ses effets. C'est une petite brise fraîche et amicale qui vous caresse les joues un matin d'automne. Ou bien c'est une tempête, rugissante qui libère sa colère avec fracas, en faisant sauter les vagues par-dessus les falaises. On dit aussi qu'un battement d'ailes de papillon peut provoquer un ouragan à l'opposé de la planète.

Mais nous avons des avis sur tout, surtout sur ce que l'on ne connaît pas. On ne peut pas remplir une coupe déjà pleine. Nous vivons dans un monde où il y a trop d'informations et surtout beaucoup de désinformations. On se noie ! Il est nécessaire de se retrouver à un nouveau point de départ. Pour cela, il vous faut admettre l'évidence : *Je ne sais même pas que je ne sais pas !* C'est alors que l'on peut aller à l'étape suivante : *Je sais que je ne sais pas !*

C'est à partir de ce moment-là seulement que je peux apprendre de nouveau.
« Le Tao n'a pas de loi »
Le Tao n'a pas besoin de lois. La loi du Tao est le Tao lui-même. La loi du Tao est la loi de l'énergie. L'énergie n'a pas besoin de nos lois, de nos avis pour se manifester. Vous pouvez penser, dire, imaginer, faire ce que vous voulez, si ce n'est pas en accord avec les lois de l'énergie cela ne fonctionne pas. Si vous voulez voler et que vous ne dominez pas la gravité, vous chuterez. Il vous faut apprendre à surfer sur les vagues du Tao, le monde de l'énergie.
« Je ne sais pas si je chevauche les vagues du Tao ou si ce sont les vagues du Tao qui m'emportent ! »
Il y a beaucoup de techniques qui semblent magiques, parce qu'elles sont fabuleuses et dépassent l'entendement ! Ce n'est pas parce que l'on ne comprend pas que cela n'existe pas ou que cela ne fonctionne pas ! Pensez à l'électricité, au magnétisme. Si nous ne pouvons pas voir l'énergie, nous pouvons voir ses effets. C'est suffisant. Savez-vous comment fonctionne un poste de radio, un lave-linge, un ordinateur ? Avez-vous reçu une décharge électrique ? Avez-vous essayé l'acupuncture*? Vous pouvez constater les effets même si vous ne savez pas ou que vous ne voyez pas comment ça marche !
Et l'inverse est vrai : ce que vous voyez n'est pas toujours réel. Voyez un objet de couleur rouge. En fait, il est tout sauf rouge. Surtout si vous êtes daltonien !

Rouge est la couleur de la lumière qui n'a pas été absorbée par l'objet et qui est renvoyée par celui-ci. On ne voit que ce que l'on veut voir. Une célèbre vidéo circule sur le Net : deux équipes de basketteurs sont filmées en train de jouer pendant deux minutes. Des chercheurs ont demandé à plusieurs personnes de compter les passes de balle entre les joueurs qui portaient un maillot noir. Pendant la courte durée de jeu, les chercheurs ont fait traverser le terrain de basket-ball à une personne déguisée en ours… À la fin du jeu, les chercheurs ont demandé aux participants à l'expérience s'ils avaient vu passer un ours sur le terrain. Aucun d'eux ne l'avait vu ! C'est ainsi que les prestidigitateurs vous attrapent : en détournant votre attention !

Il ne faut pas se fier à nos sens ! Ils nous sont utiles mais nous les utilisons très mal. En fait, la perception des choses est sujette à controverse. Nos perceptions sont analysées par notre mental et par notre sensibilité émotionnelle, ce qui fait qu'elles sont ressenties différemment par les uns et par les autres. L'eau de source est fraîche pour certaines personnes, et froide ou gelée pour d'autres. Il en va de même pour la perception de la chaleur. Alors que certains marchent sur les braises, d'autres réagissent fortement à un petit stimulus. Cette subjectivité sur le ressenti concerne également l'olfaction, l'ouïe, le goût et la vision.

Il n'y a pas si longtemps, les ethnologues qui rencontraient des chamans en transe disaient que ces chamans avaient des crises de folie. Plus récemment, les nouveaux ethnologues ne se sont pas contentés de regarder et de juger ces chamans. Ils ont participé à l'expérience de la transe. Et là, c'est tout à fait autre chose : ils ont découvert qu'il y avait un autre monde !

Des guérisseurs, il y en a toujours eu, et il y en aura encore. Le pouvoir de guérison et de perception appartient à l'être humain. C'est inscrit dans son être, dans son corps. Le corps humain est constitué d'un champ électromagnétique. Donc, tous les êtres humains, vous et moi, ont un champ électromagnétique. Nous sommes tous des magnétiseurs en puissance.

Cela vous est sûrement déjà arrivé de servir d'antenne de télé ou de radio, pour que l'image soit plus nette (je m'adresse ici aux personnes qui ont connu les antennes posées sur la télé). C'était une bonne intuition. D'où est venue cette idée saugrenue de tenir l'antenne ? Dans votre petite tête, il y a tous les logiciels pour faire fonctionner ce corps et pour créer les relations avec le monde qui vous entoure. Dès votre naissance et tout au long de votre vie, des centaines, voire des milliers de logiciels se désinstallent de votre cerveau tous les jours…

Le Reiki peut sembler magique, merveilleux, trop beau pour être vrai ! Une recette de cuisine peut être facilement apprise. Mais cela ne suffit pas. Si vous ne vous mettez pas aux fourneaux, vous n'aurez

rien. N'oubliez pas, tout vous est donné de surcroît ! Faites le petit pas (ou le petit plat) !
Votre vie vous appartient, enchantez-la ! N'attendez pas qu'elle vous apporte le bonheur, vous pourrez attendre longtemps ! La vie est déjà belle, elle n'a rien à ajouter. C'est à vous de la rendre belle. La vôtre, pas celle des autres. Mettez un grain de beauté dans votre vie et votre vie changera ! *La* vie ne peut pas changer *votre* vie, la vie va dans le sens que vous lui donnez. Elle vous apporte plus de bonheur ou plus de malheur. C'est nous qui choisissons. Décidons dès maintenant de semer quelques graines d'amour pour en récolter plus dans l'avenir.
Avec le Reiki, tout est permis, si vous l'autorisez. J'aimerais que les personnes qui me lisent prennent conscience que **le Reiki est simplement un outil qui facilite la vie. Rien de plus.** Pas de miracle. Pas de magie.
En utilisant le 2e symbole et les affirmations, nous changeons notre caractère, notre mauvais caractère. Mais nous devons au départ vouloir changer notre façon de penser, d'agir en changeant nos croyances. Nous devons prendre conscience que l'ego* est lié à nos peurs. Cet ego nous empêche d'exprimer le meilleur de nous-même. Nous cherchons alors la sécurité, nous évitons les risques et la confrontation. Nous n'osons pas nous exprimer. Nous restons « petits ». Nous préférons nous dire que ce n'est pas pour nous. À l'inverse, l'ego nous pousse à trop agir, car nous nous manquons de caractère, de volonté, de courage

pour résister à notre ego. Nous sommes agités, énervés, coléreux. Nous passons notre temps, dans les deux cas, à juger, à critiquer.
Les affirmations et le travail sur le mental nous permettent d'évoluer vers plus de conscience dans nos pensées et dans nos actes. Plus le travail avance, moins nous avons peur, plus nous nous libérons du joug de l'ego. Nous le comprenons mieux et nous pouvons de plus en plus facilement l'écarter. L'ego est notre ministre de la Sécurité. Il a tendance à en faire de trop. Sécurité d'abord, quitte à emmurer les portes pour que les inconnus ou l'inconnu n'entrent pas. Le château fort est devenu imperceptiblement la prison.
Le deuxième intérêt du Reiki, c'est qu'il nous donne une liberté*. De nos jours, nous en avons besoin. Sept milliards d'humains vivent sur la Terre. Cela crée toutes sortes de problèmes. Donc savoir faire certaines choses nous libère du temps, de l'argent, de l'angoisse, de la fatigue.
En conséquence, avec le Reiki, nous sommes plus légers, plus heureux, plus vrais. Nous vivons. Nous sortons de la survie. Avec le Reiki, nous activons positivement la loi de l'attraction. Tout ce que nous désirons sincèrement, intensément, pendant longtemps, arrive inévitablement.
Joie et paix pour nous, nos familles et pour tous les êtres de l'Univers.

Glossaire

Acupuncture : technique faisant partie de la médecine traditionnelle chinoise comme la phytothérapie, le massage, la thérapie manuelle, la moxibustion (qui utilise le bâtonnet ou le cône d'armoise pour chauffer certains points d'acupuncture). Le canon de l'acupuncture, le *Nei Jing* date du Iᵉʳ siècle av. J.-C.

Affirmations : mots ou phrases courtes positives à répéter tous les jours ou à utiliser dans le travail sur le mental ou sur les situations.

Akasha : élément constitutif de l'Univers qui englobe les 4 éléments. Peut correspondre à l'éther ou à l'énergie noire découverte récemment, qui est l'espace vide intersidéral. C'est l'énergie divine.
Les 4 éléments – Feu, Air, Eau, Terre – sont les constituants de base de la matière et des êtres humains.

- **Le Feu :** énergie quasiment entièrement électrique. Le *Feu* est associé à la volonté, la puissance, la force, la foi, la confiance, la sérénité, le courage, l'enthousiasme, l'espoir, la générosité.

- **L'Air :** mélange de l'élément Feu et de l'élément Eau, donc électrique et magnétique. L'*Air* est associé à la joie, le respect, le désir, la mémoire, le bon sens, la sincérité, la sympathie, l'amitié, la vivacité, l'adaptation.
- **L'Eau :** énergie quasiment entièrement magnétique. L'*Eau* est associée à la bonté, la générosité, l'amour, l'humilité, la fidélité, l'honnêteté, l'indulgence, la bienveillance, la patience.
- **La Terre :** mélange des trois. La *Terre* est associée à l'harmonie, la réflexion, le calme, la justice, la paix, l'intransigeance envers soi-même, l'ascèse, la modération.

Algoneurodystrophie : syndrome hyperdouloureux apparaissant à la suite d'un traumatisme ou suite à un état inflammatoire, ou encore à une opération chirurgicale due à un déséquilibre du système neuroendocrinien et neurovégétatif. Ce syndrome peut durer très longtemps… malgré les traitements.

Chakras : centres énergétiques subtils dans la science indienne du yoga et ayurvédique, qui sont des lieux de croisements des canaux subtils. Ces centres de conscience ont une action sur le corps physique par l'intermédiaire du cerveau et des centres nerveux.

Chamans ou **shamans :** c'est le nom moderne donné à des hommes ou des femmes capables d'avoir des états de conscience modifiée dans lesquels ils ou elles peuvent acquérir d'autres personnalités humaines ou animales, voyager dans le monde astral, dans le passé ou le futur. Dans le quotidien, ils ou elles ont la capacité de soigner, de voir les présages. Souvent, ils ont une connaissance des plantes. Ce sont les sorciers guérisseurs des peuples premiers.

Chance : il faut élargir la définition classique « part d'imprévu heureux lié à un événement », car chaque jour est un jour de chance, puisqu'il est possible de changer son karma si le quotidien est accepté dans la joie et dans l'action. Souvent, c'est en faisant des erreurs que l'on apprend.

Choix : le libre arbitre existe mais sommes-nous capables de choisir en toute conscience ? En fait, pas vraiment, seuls les êtres éveillés en sont capables. La plupart des êtres humains sont aveuglés par leurs pulsions.

Corps astral : lieu des émotions et des ressentis.

Corps subtil, aussi appelé **aura :** champ électromagnétique rayonnant autour du corps physique. Tout corps de matière a une aura : pierres, plantes, animaux, êtres humains.

Corps subtils :

- Le corps mental produit les processus de la pensée.
- Le corps astral produit les émotions.
- Le corps éthérique qui fait le lien avec le corps physique.

Dan Tien : centre de l'énergie situé soit derrière le nombril, soit 2 cm sous le nombril.

Désir : sentiment ardent pour réaliser ses rêves, dont les accomplissements dépendent de l'état de joie dans lequel chacun se doit d'être.

Ego : émanation du « moi », il est notre personnalité consciente ou inconsciente. Se développant pendant l'enfance sur une base génétique et transgénérationnelle, l'ego se base sur la mémoire. Il cherche à nous valoriser et nous défendre en fonction de la manière dont nous avons compris la vie selon les informations reçues, intégrées, subies consciemment ou inconsciemment. L'ego est conditionné par les instincts, les réflexes et les pulsions. Le travail spirituel consiste à dépasser l'ego pour écouter notre maître intérieur ou notre conscience supérieure, ou encore notre âme.

Étoile à neutrons : astre essentiellement composé de neutrons maintenus ensemble par des forces de gravitation phénoménales. De tels objets sont les résidus compacts issus de l'effondrement gravitationnel du cœur d'une étoile massive quand celle-ci a épuisé son combustible nucléaire. C'est une boule de 20 à 40 km de diamètre avec une masse de 1,4 à 3,2 fois la masse du Soleil.

Excusites : petites excuses formulées pour éviter de s'engager dans une action. Par exemple, « c'est trop tard », « c'est trop tôt », « je suis fatigué », « ça ne marchera jamais », « je ne pourrai jamais y arriver », « c'est trop compliqué »...

Glande pinéale ou **épiphyse :** elle se trouve dans le crâne au milieu d'une ligne qui traverse la tête à deux travers de doigts au-dessus des oreilles. Elle sécrète essentiellement la mélatonine qui sert à régler l'horloge interne. L'épiphyse a une action sur le cœur, les cycles menstruels, l'humeur… Elle est reliée au 7ᵉ chakra.

Glande pituitaire ou **hypophyse :** elle se situe au milieu sur une ligne qui traverse la tête au milieu des tempes. Elle est liée à l'hypothalamus. Elle sécrète les hormones de croissance, les stimulines hypophysaires, la prolactine, l'hormone antidiurétique, l'ocytocine, la mélanostimuline. Elle est reliée au 6ᵉ chakra.

Harmonisation de l'aura : c'est le lissage de l'aura par les mains.

Initiation Reiki : rituel donné par le maître Reiki pour permettre à l'initié de recevoir l'énergie Reiki et de pratiquer ensuite le Reiki. Seul le maître Reiki peut pratiquer les initiations. Pour être maître Reiki, il faut être initié à la maîtrise complète du Reiki (4ᵉ degré).

Karma : cycles de vie et de mort déterminés par nos actions, par nos pensées, nos émotions. Les cycles du karma sont soumis à la loi des causes et des effets. Le karma est en principe naturellement de plus en plus involutif, de plus en plus lourd, avec de plus en plus de souffrances. C'est pour cela qu'il n'est pas bon de choisir le chemin le plus accessible en premier abord, de se laisser prendre par la facilité, de se laisser mener par nos mauvais penchants, de céder facilement à nos faiblesses.

Liberté : voir **choix**.

Mantra : mot – ou phrase plus ou moins courte – doté d'un pouvoir spirituel que l'on répète en conscience un certain nombre de fois. Originaires des traditions orientales, les mantras sont utilisés partout dans le monde, et sont très puissants. En général, un mantra vous est donné par un maître ou un gourou. Vous pouvez créer votre propre mantra. Surtout, donnez-lui de la force (voir prière).

Médecine traditionnelle chinoise : datant de 4000 av. J.-C. – le grand herboriste Shen Nong réunit plus de 100 remèdes d'origine végétale dans son livre –, elle est composée essentiellement par la phytothérapie et complétée par l'acupuncture, le massage, la thérapie manuelle, la moxibustion, les ventouses. La médecine chinoise est basée sur la physiologie de l'énergie *Qi*, du sang *Xue*, de l'équilibre énergétique des organes et du vivant. Elle ne tient pas compte de l'anatomie.

Méditation : exercice, attitude ou concentration indispensable pour calmer les pensées et les émotions.

Mental ou **corps mental :** lieu des processus des pensées.

Méridiens : ce sont des lignes énergétiques invisibles parcourant le corps, formant un réseau reliant les organes entre eux et toutes les parties du corps dans lesquelles circule l'énergie vitale. Le méridien relié à l'organe prend le nom de cet organe.

Nadis : équivalents des méridiens dans la médecine ayurvédique et le yoga.

Pardon : acte de bonté, d'amour, le pardon est salvateur. Mais en fait, il n'y a rien à pardonner, car tout est parfait. Il suffit d'accepter ce qui est.

Périnée ou **plancher périnéal :** muscle en coupole ou diaphragme permettant la fermeture inférieure du petit bassin. Si le périnée est faible et lâche, il aggrave le processus de chute de la vessie, de l'utérus.

Plexus solaire : centre de connexion nerveuse important situé derrière l'estomac qui contrôle le fonctionnement des organes de l'abdomen.

Prière : expression d'une adoration d'une divinité ou demande d'action de grâce, la prière est un mouvement de l'âme qui tend à une communication spirituelle. On peut créer ses propres prières formées d'un mot, d'une courte phrase ou encore un texte plus ou moins long. La valeur, la force de la prière viennent de la puissance des mots, de la sincérité et l'amour que l'on met dans la pensée, dans la parole. Les prières sont aussi très puissantes. Elles peuvent être indépendantes des religions.

Processus d'appel : première partie du travail à distance utilisant les 3e et 1er symboles pour se mettre en contact avec une personne ou une situation.

Puissance : effet amplificateur et focalisant de l'énergie grâce à l'action du 1er symbole. On recourt à Cho Ku Rei dans des situations où il est nécessaire d'intervenir de manière plus importante. Ne pas confondre puissance et violence, agressivité.

Qi gong (chi gong ou **chi kung) :** c'est une technique de maîtrise gymnique corporelle rapide ou lente, avec des contractions musculaires ou, au contraire, en maîtrisant l'énergie vitale, on associe des mouvements lents pour la recherche d'une détente maximale reposant sur la respiration, la visualisation et la concentration. Il y existe quatre écoles : *l'école des arts martiaux* avec le renforcement du corps (qi gong de la chemise de fer), *le qi gong médical* avec la projection du *qi* pour soigner, *le qi gong spirituel taoïste* pour obtenir la longévité et l'immortalité, *le qi gong spirituel bouddhiste* pour atteindre l'éveil et devenir un bouddha.

Rayonnements : émission de radiations transportant l'énergie, les rayonnements sont formés par des ondes spécifiques, uniques, ou par un ensemble de rayons (rayonnement magnétique, rayonnement radioactif, rayonnement lumineux).

Rêves : ce sont des états de conscience modifiés. Le travail des chamans consiste à se réveiller dans son rêve pour pouvoir le vivre consciemment.

Roue d'énergie : c'est une des descriptions des chakras. Les chakras ont un mouvement permanent de rotation.

Soins Reiki : technique de soins par imposition de mains ou par la pensée pour prodiguer des soins à distance. On utilise des symboles. La technique Reiki a été redécouverte par Maître Usui au XIXe siècle au Japon, puis elle s'est répandue à travers le monde.

Sourire : l'indication de la joie et de la bienveillance sur le visage guérit tous les maux, attire la joie, l'amour, l'abondance. Le sourire est une très grande protection.

Symboles : figures géométriques ayant une puissante active sur la matière et le mental.

Taiji ou **tai chi :** technique gymnique rapide ou lente associée à la respiration dans le but d'avoir une libre circulation du *qi* pour nourrir le corps et l'esprit. Au départ, le taiji est associé aux arts martiaux. Cette discipline permettait d'utiliser le *qi* de l'adversaire et de le retourner contre lui.

Trou noir : déformation très profonde de l'espace-temps par un objet invisible très lourd qui s'enfonce, le trou noir attire tous les objets s'approchant de lui. La lumière aussi s'y engouffre et ne peut s'en échapper.

Vortex : tourbillon creux qui apparaît dans un fluide ou un courant d'énergie en écoulement.

Yi Jing (se lit *i tching*) : le *Yi Jing* peut être traduit par *Classique des changements* ou *Traité canonique des mutations*. Le *Yi Jing* a aussi pour nom *Zhou Yi* (*Changements de Zhou),* écrit à l'époque des Zhou (1027-256 av. J.-C.). Il est composé de 64 hexagrammes et de leurs interprétations. Le *Yi Jing* est utilisé populairement comme art divinatoire. Pour les philosophes taoïstes et confucéens, le *Yi Jing* représente les 64 étapes de l'évolution spirituelle.

Yoga : discipline gymnique dynamique et posturale originaire de l'Inde, qui agit sur le corps physique et sur le psychisme, associée à des techniques respiratoires et visuelles très sophistiquées. Le yoga utilise des mantras qui sont souvent chantés. Il y a dix sortes de yoga, du plus physique au plus spirituel.

Yogi : sage, ascète hindou qui pratique le yoga et, par extension, tout pratiquant régulier de cette discipline.

Index

C

D

E

F

G

N – P – Q

R

S

T – U

V – Y

Bibliographie

Chamane. Mickael Harner. Albin Michel.

Comment connaître Dieu. Deepak Chopra. Éd. J'ai lu – Aventure Secrète.

Reiki, les plus belles techniques. Walter Lübeck. Franck Arjava Petter. Guy Trédaniel Éditeur.

Le Reiki aujourd'hui. Ronald Mary. Le Souffle d'or.

Le Grand Livre des symboles Reiki. Mark Hosak. Walter Lübeck. Éd. Médicis.

Reiki et chakras – Guéris toi-même. Brigitte Müller. Le Courrier du livre.

La Mémoire de l'Univers. Rupert Sheldrake. Éd. du Rocher.

Écoute ton corps. Lise Bourbeau. Éd. E.T.C. INC.

Guérir la violence. S. S. le Dalaï-Lama. Éd. Pocket.

La Vie des Maîtres. Baird T. Spalding. J'ai lu – Aventure Secrète.

Comment trouver le leader en vous. Dale Carnegie. Le Livre de poche.

J'ai vécu quinze milliards d'années. Jean-Émile. Charon. Albin Michel.

Œuvre complète. Tchouang-tseu. Connaissance de l'Orient. Gallimard/Unesco.

Troubles psychiques en médecine chinoise. Philippe Sionneau. Guy Trédaniel Éditeur.

Stimulez votre énergie vitale. Mantak Chia. Poches/ Jouvence.

Fusion de cinq éléments. Mantak Chia et Maneewan Chia. Guy Trédaniel Éditeur.

Chi Nei Tsang. Mantak chia et Maneewan Chia. Guy Trédaniel Éditeur.

Plus de charisme dans votre vie. J. E. Tang. Fortuna Éditions.

Chi Kung de la moelle des os. Mantak Chia et Maneewan Chia. Guy Trédaniel Éditeur.

La dépression, comment s'en sortir. Dr Alain Meunier. Solar.

La Kundalini, l'éveil de l'énergie. Ajit Mookerjee. Thames & Hudson.

Médecine du corps énergétique. Dr Janine Fontaine. Robert Laffont.

Secrets d'alcôve taoïstes. Maître Chian Zettnersan. Éd. Médicis.

Tai Chi Chuan et Yi King. Da Liu. Chiron.

Traitements des syndromes en acupuncture traditionnelle. Lin Shi Shan avec la collaboration du Dr Dubuisson. Institut Yin Yang.

La Diététique du Yin et du Yang. You-Wa Chen. Robert Laffont.

Le Voyage de guérison. Brandon Bays. Guy Trédaniel Éditeur.

Le Pouvoir bénéfique des mains. Barbara-Ann Brennan. Tchou.

Guérir par la lumière. Barbara Ann-Brennan. Tchou.
Le Corps quantique. Deepak Chopra. Interéditions.
Le Pouvoir de l'esprit. S. S. le Dalaï-Lama. Fayard.
Qi gong de méditation, la petite circulation. Dr Yang Jwing Ming. Éd. Budo.
L'esprit est son propre médecin. Pr Jon Kabat-Zinn et Richard Davidson. J'ai lu.
La Nouvelle Physique de l'esprit. Emmanuel Ransford. Éd. Le Temps Présent.
Anatomie de l'esprit. Caroline Myss. Éd. Ariane/J'ai lu – Aventure Secrète.

Remerciements

À mon père,
À ma mère,
doublement, car elle a peiné toute sa vie pour nourrir sa grande famille.
Quand nous étions au Cambodge, ma mère avait ses petites astuces pour nous soigner, nous, ses enfants, et certaines personnes de son entourage. Plus tard, vers la fin de sa vie, quand je venais lui rendre visite, son vieux corps fatigué reprenait un peu de vigueur après que j'eus posé mes mains quelques minutes sur ses genoux. Parfois, elle était comme absente, elle ne parlait pas. Après quelques minutes d'imposition des mains, elle semblait émerger d'un profond voyage. Elle ouvrait les yeux.
À mes frères et sœurs,
qui ont toujours cru en moi et qui ont toujours été à mes côtés.
À Unmani,
qui m'a initié maître Reiki.
À toutes les personnes que j'ai initiées,
car j'ai beaucoup reçu grâce à elles.
À toutes les personnes qui m'ont aidé,

et soutenu par leurs avis pertinents et leur amitié sincère.
À Stéphanie,
qui a permis à ce livre de répandre la bonne nouvelle à toutes les personnes qui se croient démunies ou insignifiantes.
Et à Alix,
pour son aide précieuse.

Table des matières